Impressum

Jan Altehenger
Mythos Social Media

ISBN (Print) 978-3-96317-172-7
ISBN (ePDF) 978-3-96317-687-6

Copyright © 2019 Büchner-Verlag eG, Marburg

Illustrationen/Layout Innenteil und Cover:
Jan Altehenger, www.jan-altehenger.de

Druck und Bindung: Totem, Inowrocław, Polen
Printed in EU

Bibliografische Informationen der Deutschen Nationalbibliothek

Die Deutsche Nationalbibliothek verzeichnet diese Publikation in der Deutschen Nationalbibliografie, detaillierte bibliografische Angaben sind im Internet über http://dnb.de abrufbar.

www.buechner-verlag.de

MYTHOS SOCIAL MEDIA

DIE ÄSTHETIK DER TÄUSCHUNG

JAN ALTEHENGER

»Smartphone, Smartphone in der Hand, wer hat das schönste Selfie und die meisten Likes im ganzen Land?*«

*gerne auch viral gehen!

#picoftheday #likeforlike #followforfollow #selfie #nofilter #dailylook #selfieofday #selfshots #photooftheday #girl

<6_7><#inhalt>

#inhalt

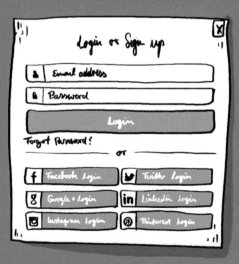

»1.«

#vorwort #einleitung
#prolog #beginn
#anfang #start #los

<10_11><#vorwort>

#vorwort

Likes, Kommentare, die elektronische Bestätigung –
sie alle bekommen immer mehr Aufmerksamkeit. Soziale Rollen und Kreise bauen sich auf. Sie bilden Verbin-
dungen und Konstrukte, codiert von Einsen und
Nullen. Seit der Integration sozialer Netzwerke in unsere alltäglichen Routinen sind diese nicht mehr wegzu-
denken. Mittlerweile passiert fast alles online. Vom
Bestellen neuer Kleidungstücke über die Buchung des
Sommerurlaubs bis zum Dating ist nun alles online
möglich. Für jeden Bedarf gibt es eine Plattform, um so
den User entsprechend bequem von zu Hause aus zu
versorgen. Klicks, Likes und Reichweite sind zu neuen
Währungen geworden.

Je mehr Klicks und Likes du hast, desto mehr bist
du wert und zugleich auch abhängig von den Bewer-
tungen und Urteilen der Social-Media-Community.
Langeweile gibt es nicht mehr. Sie wurde abgeschafft
und durch das sinnlose Herumscrollen in den unterschiedlichen Timelines der sozialen Netzwerke ersetzt.
Können wir nicht mehr ohne? Tun wir alles für die
elektronische Bewunderung? Wie gehen wir mit den
Netzwerken um? Welchen Stellenwert haben sie? Wie
verhalten wir uns auf ihren diversen Plattformen? Was
posten, liken oder teilen wir? Warum nutzen wir eigentlich überhaupt Social Media?

Die sozialen Medien haben eine mythische Welt er-
schaffen, die sich zwischen Selbstdarstellung und dem
Vorwand, Kontakt halten zu wollen, entfaltet. Doch
welche Qualitäten besitzt diese mythische Welt wirklich? Beschreibt sie nichts weiter als eine elektronische
Blase, in der es nur um das Präsentieren von Idealen
und Wunschvorstellungen geht?

*An dieser Umfrage haben 1.049 Leute teilgenommen.
60,7 % der Befragten sind weiblich, 35,5 % männlich
und 3,8 % gaben nicht-binär an.*

⚥ 35,5%

#umfrage
#geschlecht

⚢ 60,7%

chen Beweggründen dazu entschieden haben, dem von mir präsentierten Content zu folgen. Entweder weil sie mich persönlich kennen oder weil sie meine Beiträge interessant finden. In diesem weiteren Rahmen meiner Follower kamen dann diejenigen zu Wort, die meiner Aufforderung zur Teilnahme an der Studie tatsächlich folgten.

Für alle Befragten sind meine sozialen Plattformen also der kleinste gemeinsame Nenner. Des Weiteren teilte ich die Umfrage auch auf meinen privaten Profilen, sodass sowohl Leute, mit denen ich nur elektronisch verbunden war, als auch Leute, die mich zusätzlich persönlich kannten, diese ausfüllten.

Die Recherche hat gezeigt, dass das Thema Social Media sehr umfangreich ist. Somit wurde hier der Fokus dieser Arbeit auf den Mythos Social Media gelegt, mit dem Bezug auf die ästhetische Täuschung der Selbstdarstellung in den sozialen Netzwerken. Zur Annäherung an diese Fragen habe ich nicht nur Studien und Recherchematerialien zusammengetragen, sondern auch eine Feldstudie an meinem eigenen elektronischen Netzwerk aus Freunden und Followern durchgeführt, um die Ergebnisse den Schlussfolgerungen anderer Studien gegenüberzustellen. An dieser Umfrage nahmen in einem Zeitraum von 30 Tagen 1.049 Leute teil. Davon waren 637 weiblich, 372 männlich und 40 Befragte gaben an, non-binär zu sein. Meine eigene Erhebung ist explorativ. Ihre Teilnehmer wurden nicht nach wissenschaftlichen Kriterien zusammengestellt und liefern dennoch eine aussagekräftige Momentaufnahme: Der Pool der Angesprochenen rekrutierte sich zunächst aus denjenigen, die sich aus unterschiedli-

<14_15><#vorwort><#dasbinich>

Auf den unterschiedlichsten Plattformen bin ich als Produzent unterwegs. Auf YouTube haben mich um die 10.000 User abonniert. Auf Instagram sind es um die 3.800, bei Twitter 1.700 und bei Facebook um die 1.000 User, die mir folgen.

#dasbinich

Kurz zu meiner Person. Ich bin Jan Altehenger, 25 Jahre alt und seit sechs Jahren selbst nicht nur auf den einschlägigen sozialen Netzwerken als Konsument unterwegs, sondern auch ebenso lange als Produzent für diese tätig. Mittlerweile folgen mir auf allen Kanälen zusammengerechnet etwa 16.000 User. Hierbei ist zu beachten, dass sich dahinter nicht 16.000 verschiedene Menschen verbergen, da es viele Leute gibt, die mir auf mehreren Plattformen gleichzeitig folgen. Das Durchschnittsalter der Community beträgt etwa 14–24 Jahre. Dies spiegelt sich in der Umfrage wider, denn 830 der 1.049 befragten Personen gehören in diese Altersgruppe. Auch das Verhältnis zwischen männlichen und weiblichen Teilnehmern stimmt in etwa mit den Analytics meiner Social-Media-Kanäle überein, mit ca. 60 % (Frauen) im Vergleich zu 40 % (Männer).

Im Folgenden wird von der »Wirklichkeit«, der »Realität« oder auch der »elektronischen Ähnlichkeit« gesprochen. Mit den ersten beiden Begriffen bezeichne ich das Hier und Jetzt, in dem wir uns befinden, fernab von irgendwelchen elektronischen Geräten oder Medien. Liegt der Fokus auf den sozialen Netzwerken, spreche ich von der elektronischen Realität bzw. der »elektronischen Ähnlichkeit«.

Youtube
10 K Abonnenten
Instagram
3,8K Follower
Facebook
1K Likes
Twitter
1,7 K
Follower

»2.«

#fyi #sozialenetzwerke
#definition #netzwerk
#geschichte #entwicklung
#myspace #facebook #icq

<18_19><#sozialenetzwerke>

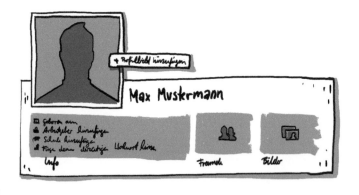

#sozialenetzwerke

Was genau sind eigentlich soziale Netzwerke? Wie lassen sich diese Brutstätten der Mythen verstehen? Eine einheitliche Definition für dieses Medium zu finden gestaltete sich schwieriger, als zunächst angenommen. Ein Versuch könnte wie folgt aussehen: Ein soziales Netzwerk beschreibt im Kern nichts anderes als einen Onlinedienst, welcher meist eine eigene Community besitzt. Die User* können über den Dienst miteinander kommunizieren und interagieren. Dieses geschieht meist in Form des Likens, Teilens, Postens und durch das Kommentieren der Inhalte. So entsteht auf der technischen Basis des sozialen Mediums eine Plattform zum gegenseitigen Austausch. In sozialen Netzwerken besitzt jeder User ein eigenes Profil mit persönlichen Daten, dadurch entsteht ein Beziehungsgeflecht untereinander und bildet so den Grundstein für die Basis eines sozialen Netzwerkes.

*Ein User bezeichnet den einzelnen Anwender, der sich auf den Plattformen bewegt.

#geschichte
#sozialenetzwerke

Um zu verstehen, wie sich soziale Netzwerke entwickelt haben, muss ein Blick in die Vergangenheit geworfen werden. Der erste Grundstein wurde bereits Ende der 1970er Jahre gelegt, weit vor Facebook, Myspace und Co. Welche Entwicklung seitdem stattgefunden hat und welche Funktionen sich über die Jahre entwickelt haben, zeigt der geschichtliche Aufbau.

1978 : Mailbox / Bulletin-Board-System (BBS)

Frei übersetzt bedeutet es so viel wie »elektronisches schwarzes Brett«. Entwickelt wurde es von Randy Suess und Ward Christensen. Mit dem BBS konnten bereits Daten, Informationen und Nachrichten auf Basis eines meist privat betriebenen Rechnersystems gepostet und ausgetauscht werden. Auch wenn diese Mailboxen meist regional genutzt wurden, kann man hier von der Geburtsstunde des Social Webs sprechen.

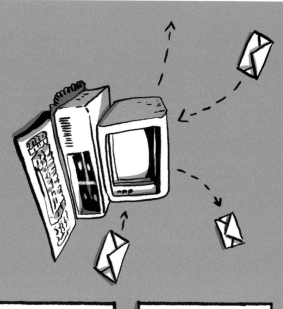

1995: classmates.com

Damit ging eines der ersten Beispiele online, die für jedermann im Internet zugänglich waren. Auf dieser Plattform konnten sich alte Schulfreunde wiederfinden. Zum ersten Mal lag der Fokus hier auf der sozialen Komponente.

👍 Gefällt mir 💬 Kommentieren ↪ Teilen

Ende der 1980er und Anfang der 1990er

kamen CompuServe, Prodigy und AOL auf den Markt und gleichzeitig wurde der Grundstein für die Netzwerke, wie wir sie heute kennen, gelegt. Der Unterschied zu den Bulletin-Board-Systemen war, dass jetzt persönliche Profile angelegt und Veranstaltungen öffentlich gemacht werden konnten. Ebenso war es möglich, zu chatten und private Nachrichten untereinander zu versenden. Die Nutzung dieser Funktionen war den Kunden der entsprechenden Netzwerke vorbehalten.

👍 Gefällt mir 💬 Kommentieren ↪ Teilen

1999: Blogs

Blogger.com ging 1999 an den Start und war damit der erste Service, der es jedem Nutzer einfach machte, einen Blog zu gestalten. 2003 wurde Blogger.com von Google aufgekauft. Einen großen Sprung machten die sozialen Netzwerke nach der Jahrtausendwende, als immer mehr Leute Zugang zu einer Internetverbindung hatten und sich somit auch immer mehr von der Kommunikation ins Internet verlagerte.

👍 Gefällt mir   💬 Kommentieren   ↪ Teilen

1996/97: ICQ und der Messenger

Mit ICQ und dem AOL Messenger ging ein weiterer Baustein online, der jetzt für die breite Masse zugänglich war.

👍 Gefällt mir   💬 Kommentieren   ↪ Teilen

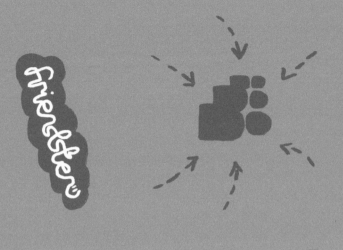

2003: LinkedIn, Myspace und Wordpress

LinkedIn war die erste Plattform, die sich ausschließlich an Berufstätige wandte. Das Pendant im deutschen Raum ist Xing, welches im selben Jahr gegründet wurde. In der Geschichte der sozialen Netzwerke legte Myspace den denkwürdigen Start hin. Mit bis zu 230.000 neuen Mitgliedern pro Tag wurde nur drei Jahre später die 100 Millionen Marke geknackt. Mit Wordpress kam eine Software, die das Bloggen noch einfacher gestaltete und dem User noch mehr Freiraum gab. Mit facemash.com ging 2003 der direkte Vorgänger von Facebook online.

👍 Gefällt mir 💬 Kommentieren ↪ Teilen

2002: Friendster.com

Das webbasierte soziale Netzwerk Friendster ging 2002 online und konnte innerhalb kürzester Zeit Millionen Nutzer anlocken.

👍 Gefällt mir 💬 Kommentieren ↪ Teilen

You Tube
Broadcast Yourself

2005: YouTube, Schülervz

Die Videoplattform YouTube ging 2005 online und wurde bereits ein Jahr später von Google gekauft. In Deutschland ging Ende 2005 StudiVz an den Start. Später folgten Schueler-VZ und meinVZ, welche gleich aufgebaut waren, sich aber auf neue Zielgruppen ausrichteten.

👍 Gefällt mir 💬 Kommentieren ↪ Teilen

2004: Facebook, Flickr

Das größte soziale Netzwerk Facebook startete 2004. Zunächst war Facebook eine Plattform für die Harvard Universität. Nach und nach wurde es für weitere Universitäten, Highschools und schließlich für jedermann außerhalb der Vereinigten Staaten freigegeben. Mit Flickr stand zudem erstmals ein Dienst bereit, der das Hochladen und das Verbreiten von Fotos vereinfachte.

👍 Gefällt mir 💬 Kommentieren ↪ Teilen

schülerVZ

Im August 2008 meldete Facebook 100 Millionen Nutzer. Mein-VZ wurde von der Verlagsgruppe Georg von Holtzbrinck gekauft, die Summe ist offiziell nicht bekannt, aber laut dem Axel Springer Verlag soll diese bei etwa 120 Millionen Euro gelegen haben.

2007: Tumblr

Die Blogging Plattform Tumblr steht seit 2007 zur Verfügung.

👍 Gefällt mir 💬 Kommentieren ↪ Teilen

2006: Twitter

Der Mikrobloggingservice Twitter beschränkte die Kommunikation auf 140 Zeichen und revolutionierte damit zugleich die Echtzeit-Kommunikation.

👍 Gefällt mir 💬 Kommentieren ↪ Teilen

Mit der Ära der Smartphones, Tablets und der mobilen Internetnutzung im Jahre 2010 bekamen die Sozialen Netzwerke nochmal einen Schub und gewannen viele neue User. Immer mehr nutzen anstatt SMS oder telefonischer Kommunikation die sozialen Netzwerke wie Facebook und Co. Im Februar 2010 hatte Facebook bereits 400 Millionen Nutzer und am 21. Juli 2010 waren es bereits eine halbe Milliarde.

2010: Pinterest, google, Buzz & Instagram

Das soziale Netzwerk Pinterest stellte erstmals eine Art digitale Pinnwand zur Verfügung, auf der die Nutzer Fotos sammeln, liken, teilen und kommentieren können. Mit Google Buzz wurde versucht, im Social Media Bereich Fuß zu fassen. Mit Instagram ging eine Foto- und Video-Sharing-App online.

👍 Gefällt mir 💬 Kommentieren ↪ Teilen

2009: Whatsapp

Der Instant-Messaging Service Whatsapp wurde 2009 eingeführt und 2014 von Facebook gekauft. Mittlerweile hat Whatsapp weltweit über eine Milliarde Nutzer.

👍 Gefällt mir 💬 Kommentieren ↪ Teilen

2009 führte Facebook den Like-Button ein.

2012: Vine

Vine, eine Video-Sharing Plattform für kurze Videos (6 Sekunden), erfuhr seine Markteinführung 2012. Später wurde dieser Dienst von Twitter übernommen und 2017 komplett eingestellt.

👍 Gefällt mir 💬 Kommentieren ↪ Teilen

2011: Google+ und Snapchat

Nachdem Google Buzz scheiterte, ging 2011 Google+ an den Start. Mit Snapchat kam 2011 eine neue Instant-Messaging-Anwendung auf den Markt, welche die verschickten Nachrichten nach dem Betrachten umgehend löschte. Sie ist angelehnt an das reale Gespräch, bei dem gesagte Inhalte auch nicht ohne Weiteres wiedergegeben werden können, nachdem sie einmal ausgesprochen wurden.

👍 Gefällt mir 💬 Kommentieren ↪ Teilen

Im Oktober 2012 meldete Facebook erstmals eine Milliarde Nutzer. Seit dem Zukauf des Dienstes Whatsapp im Jahr 2014 hat sich auch dort die Nutzerzahl auf über eine Milliarde Menschen erhöht. Damit nutzen Whatsapp mittlerweile ebenso viele Menschen wie den Facebook Messenger.

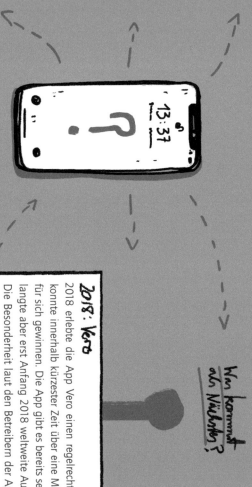

13:37

Was kommt
als Nächstes?

2018: Vero

2018 erlebte die App Vero einen regelrechten Hype und konnte innerhalb kürzester Zeit über eine Millionen Nutzer für sich gewinnen. Die App gibt es bereits seit 2015, sie erlangte aber erst Anfang 2018 weltweite Aufmerksamkeit. Die Besonderheit laut den Betreibern der App ist, dass es keinen Algorithmus gibt. Der User bekommt alle Informationen entsprechend der zeitlichen Abfolge in der Timeline zu sehen.

👍 Gefällt mir   💬 Kommentieren   ↪ Teilen

Die App Vero sah sich als Konkurrenz zu Facebook auf dem Markt. Die anfängliche starke Aufmerksamkeit um Vero verschwand, unter anderem, nachdem die App vor allem aufgrund des hohen Andrangs der Nutzer technisch nicht einwandfrei funktionierte und auch die Hintergründe des Erfinders* dieser App bekannt wurden. Die App verschwand in der Folge genauso schnell aus dem Blickfeld, wie sie gekommen war. Vero kann damit nicht als ernst zu nehmender Konkurrent zu Facebook und Co. gesehen werden. Die Frage ist, welche Innovation nötig ist, damit sich eine neue Plattform etablieren kann. Ist das überhaupt möglich? Das wird nur die Zeit zeigen.

---

* Neben den technischen Problemen wurden auch die Hintergründe des Vero-Erfinders Ayman Hariri publik. Er war früher Teil der Geschäftsführung eines saudi-arabischen Bauunternehmens, welches von seinem Vater Rafic Hariri gegründet wurde. Das Unternehmen geriet 2016 in die Schlagzeilen, da es ihren Bauarbeitern nur schlechte, unterversorgte und überfüllte Unterkünfte zur Verfügung stellte. Zudem wurde vielen der Lohn nicht ausgezahlt. Die Regierung schritt teilweise ein. Seit Mitte 2017 gibt es das Unternehmen nicht mehr.

»3.«

#apparat #mythenmaschine
#schallundrauch #mythen
#socialmedia #werkzeug
#kommunikation

<32_33><#apparat><#mythenmaschine>

#apparat
#mythenmaschine

Der Mythos Social Media –
die Ästhetik der Täuschung

Das Internet ist bevölkert von Menschen, die gerne ihre Statussymbole zur Schau stellen und diese im besten Licht präsentieren. Die Integration der sozialen Medien in die alltägliche Routine und die daraus resultierende Bequemlichkeit sorgen für die entsprechende Naivität, Inhalte in der Timeline nicht zu hinterfragen. Laut einer Shell-Studie von 2015 geben 63 % der befragten Jugendlichen im Alter von 12 bis 25 an, dass sie in den sozialen Netzwerken aktiv sind, um mitzubekommen, was die anderen so machen. Soziale Netzwerke sind zum »Freundes-Newsfeed« geworden. Ein Urlaubsfoto hier, ein Standortpost dort. Wer macht was wann mit wem wo?

Auch wenn dies eine Echtzeit-Teilnahme am Leben anderer suggeriert, lohnt es, dieses Konstrukt eher im Lichte des Mythos-Begriffes zu untersuchen. Der Vorwand, die sozialen Netzwerke als Kommunikationswerkzeug zu sehen, tritt dann in den Hintergrund und gibt den Blick frei auf die ästhetische Inszenierung der Selbstdarstellung. Sind die sozialen Netzwerke tatsächlich Mythenmaschinen, die die Selbstdarstellung mit einer Ästhetik der Täuschung befeuern?

Das Web 2.0

Der deutsche Wirtschaftswissenschaftler und Professor für Marketing und Kommunikation Andreas M. Kaplan und der Professor für Marketing Michael Haenlein definieren Social Media in ihrer Publikation »Users of the world, unite! The challenges and opportunities of Social Media« als eine Gruppe von internetbasierten Anwendungen, die auf den Grundlagen des Web 2.0 basieren und das Erstellen und Austauschen von »User Generated Content« zulassen.

Das Web 2.0 beschreibt dabei keine neue Technik, sondern die veränderte Nutzung des Internets. Im Vergleich mit der 2.0er-Version war das Web 1.0 von deutlich weniger Interaktivität geprägt. Inhalte wurden dort von einer kleinen Gruppe von Personen und Organisationen über Webseiten zur Verfügung gestellt und dann von der Mehrheit konsumiert. Das Web 2.0 ermöglicht das Interagieren des Users mit den Inhalten sowie anderen Usern, die damit die Rolle der einfachen Konsumenten ablegen und selbst zu Contentproduzenten werden können. Sie können nun quantitativen und qualitativen Content selbst erstellen, verteilen und bearbeiten, auf die Inhalte reagieren und sie letztlich mitgestalten.

Damit stehen die User im Fokus der Contentproduktion, was zur Folge hat, dass die sozialen Plattformen auf diese Interaktivität nunmehr angewiesen sind, um ihre Webseiten zu gestalten und mit Inhalt zu füllen: Der Raum für die Selbstmythologisierung der eigenen Person ist eröffnet.

Der Begriff Mythos kommt aus dem Altgriechischen und bedeutet übersetzt Laut, Wort, Rede, Erzählung, sagenhafte Geschichte und Märchen. In der ursprünglichen Bedeutung beschreibt der Mythos nichts weiter als eine Erzählung. Durch das, was wir von uns preisgeben (und was nicht), entsteht ein Bild für unser Gegenüber und damit ein ganz eigener Mythos von uns selbst. Die Frage, wie ›wirklichkeitsnah‹ diese erzeugte Wirkung ist, kann dabei nicht im Vordergrund stehen. Sie ist erst einmal nebensächlich und kann so auch weder verifiziert, noch falsifiziert werden. Die Grenzen zwischen Wirklichkeit, (Selbst-)Täuschung und Mythos sind letztlich fließend.

Quellen:
Kaplan Andreas M., Haenlein Michael (2010) Users of the world, unite!
The challenges and opportunities of social media, Business Horizons, 53(1), 59–68.
17. Shell Jugendstudie 2015, https://www.shell.de/ueber-uns/die-shell-jugendstudie.html, Zugriff: 8. März 2019.

<36_37><#apparat><#mythenmaschine>

Mit »Täuschung« wird eine Fehlvorstellung bezeichnet (man könnte auch sagen: ein Irrtum), die durch nicht der Wahrheit oder Wirklichkeit entsprechende Umstände oder Sinneswahrnehmungen hervorgerufen wird und so zur falschen Auffassung eines Sachverhalts führen kann. Dabei ist es gleichgültig, ob die Täuschung bewusst durch einen anderen herbeigeführt wird (jemand wird getäuscht) oder nicht (jemand täuscht sich). Im ersten Fall spricht man auch von Irreführung.

Die Täuschung tritt schon ein, sobald nicht alle Informationen über eine Person preisgegeben werden. Durch das Auslassen von Informationen beginnt bereits die Täuschung, insofern meinem Gegenüber ein anderes Bild von mir präsentiert wird – gewollt oder ungewollt.

Dieser Prozess ist alltäglich, gehört zur menschlichen Interaktion dazu und lässt sich konsequenterweise auch in den sozialen Netzwerken auffinden. Die elektronischen Profile werden nie mit den faktischen Identitäten übereinstimmen, sondern stellen eine bewusst gestaltete Facette derselben dar. Von Interesse ist das elektronische Profil in seiner Ähnlichkeitsbeziehung zu dem komplexen Ich, das sich dahinter verbirgt. Die Identität des Gegenübers wird beim Betrachten eines elektronischen Profils letztlich nicht in seiner Gänze offenbart. Dabei gibt es nicht nur Unterschiede in der Interaktivität unter den Nutzern, sondern auch in Hinblick auf den Grad der Täuschung bzw. der Ähnlichkeit.

An dieser Stelle kann der Begriff der Ästhetik das Verständnis des Täuschungsbegriffs erweitern. Als Lehre von der Wahrnehmung bzw. von der sinnlichen Erkenntnis wird unter Ästhetik alles verstanden, was unsere Sinne bewegt. Das kann Schönes, Hässliches, Angenehmes oder auch Unangenehmes sein. Im virtuellen Raum des Internets erfolgt dieser ästhetische Zugriff entsprechend den medialen Möglichkeiten in erster Linie über die Wahrnehmung von Texten und bewegtem wie unbewegtem Bildmaterial. Die Konturen des entstehenden Mythos' von meinem Gegenüber sind dabei flüssig bzw. in anhaltender Gestaltung und Neuformierung begriffen. Seine Erzählungen entstehen aus den ästhetisch vermittelten Täuschungen der User und sind als Spiel mit verschiedenen Formen der elektronischen Ähnlichkeit zu verstehen.

Konkrete Fragen, die sich in diesem Zusammenhang stellen, sind: Wie zuverlässig sind grundlegende Angaben der User wie diejenigen über Alter und Geschlecht? Lassen sich diese in Zusammenhang mit weiteren Informationen aus dem Netz infrage stellen? Haben das Alter und Geschlecht Einfluss auf den Umgang mit den sozialen Netzwerken? ›Funktionieren‹ die Mythen besser, je jünger die User sind? Hat der Bildungshintergrund einen Einfluss auf den Umgang mit der Mythenmaschine? Wer demaskiert die Mythen und wer akzeptiert sie? Ist die Täuschung besser, je authentischer die Mythen sich darstellen? Und: Resultiert daraus auch eine größere Akzeptanz?

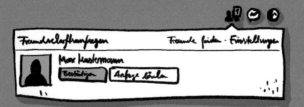

»4.«

#dersozialekreis #soziologe
#exkurs #simmel #linton
#sozialerolle #transfer
#sozialenetzwerke #rolle

Chats

Broadcast Listen   neue Gruppe

Familie
Wer hat das Eis alle gemacht?
ich raste aus!!!

Nachbarn
Hat wer noch Mehl?

Unser Dorf ♡
Wie lange hat der Markt noch offen?

Schule
Wo kann ich abschreiben? Ich hab Mathe nicht gemacht

Freunde / Clique
Wer hat Zeit?

Hobby 1
Ist morgen Training?

Interessen
Schon die neue Platte gehört?

Hobby 2

Status   Anrufe   Kamera   Chats   Einstellung

#sozialerkreis

Was die ästhetische Täuschung bzw. die Manipulation der Ähnlichkeitsbeziehung in den sozialen Medien ausmacht, lässt sich mithilfe soziologischer Modelle erhellen. So zum Beispiel mithilfe von Georg Simmels Verständnis von Individualität, die sich in seiner Sichtweise als einzigartiger Schnittpunkt verschiedener sozialer Kreise darstellt: Durch den Zufall der Geburt wird die Zugehörigkeit zum ersten Kreis bestimmt – der Familie. Weitere primäre Kreise konstituieren die Nachbarschaft, das Dorf oder die Schule. Hobbys, Interessen und Veranlagungen spielen in den primären sozialen Kreise keine Rolle. Dabei sei das Individuum zunächst in ein Zusammensein eingebunden, welches seiner Individualität neutral gegenüberstehe. Mit der Entwicklung und der wachsenden Freiheit des Einzelnen könne die Zugehörigkeit zu neuen Kreisen selbst gewählt werden. Als Basis diene hier vor allem die Intellektualität des Individuums. Weitere Kreise, in die jemand eintritt, sind folglich nicht konzentrisch angeordnet – mit dem jeweiligen Individuum in dessen Zentrum. Schließlich existieren sämtliche Kreise auch ohne die Partizipation der speziellen Person.

-> <u>Primäre Kreise</u>

alea iacta est.

Dies hat zur Folge, dass komplexe Schnittmengen der Kreise entstehen. Auf Basis der Zugehörigkeit zu unterschiedlichen Kreisen und der daraus entstehenden unterschiedlichen Anforderungen an das Individuum, wird es sich seiner einzigartigen Persönlichkeit bewusst. So entsteht laut Simmel die Individualität des Einzelnen, denn es muss als sehr unwahrscheinlich gelten, dass ein anderer Zeitgenosse die genau gleiche Kombination der Kreise teilt und somit die gleiche Schnittmenge vorweisen kann.

Seine Überlegungen zum Verhältnis von Individualität und sozialen Kreisen veröffentlichte Georg Simmel erstmals 1890 in einem Aufsatz mit dem Titel »Über soziale Differenzierung«. Sein Ansatz wird als Vorläufer zur Theorie der sozialen Rolle gesehen.

#sozialerolle

Das Modell der sozialen Rolle greift einen Begriff aus
dem Theater auf, definiert ihn im soziologischen wie
sozialpsychologischen Sinne.

Geprägt hat ihn der US-amerikanische Anthropologe
Ralph Linton, der damit die Gesamtheit der einem gege-
benen Status zugeschriebenen »kulturellen Modelle«
meint. In seiner Idee der sozialen Rolle verknüpfen sich
die Vorstellungen von Status und Rolle, die beide glei-
chermaßen von der sozialen Struktur bestimmt werden.
Lintons Überlegungen stammen aus dem Jahr 1936
und ordnen jedem Individuum mehrere Statuspositio-
nen zu. Jedem Status wohnen mehrere spezifische Rollenerwartungen inne.

*Übersetzung: Es scheint eine allgemeine Regel zu sein, dass Wis-
senschaften ihre Entwicklung mit dem Ungewöhnlichen beginnen.
Sie müssen beträchtliche Kultiviertheit entwickeln, bevor sie sich
für das Banale interessieren.*

<46_47><#sozialerolle>

Mit der Zeit gleicht das Individuum die unterschiedlichen Rollen, die es inne hat, aneinander an, um auf
diese Weise Rollenkonflikte zu vermeiden oder zu lösen.
Hier ein Beispiel um den Sachverhalt zu erläutern:
Eine Frau ist in der Rolle einer Mutter, dann wäre eine
ihrer Bezugsgruppen diejenige der eigenen Kinder, die
eine gewisse Erwartung an sie haben, wie zum Beispiel
die täglichen Mahlzeiten. Dazu wäre sie in ihrer be-
ruflichen Rolle eine Verkäuferin im Einzelhandel. Dort
müsste sie dann zwei weitere Bezugsgruppen balan-
cieren. Zum einen die Kunden und zum anderen ihre
Vorgesetzten. Kann die Person die Erwartungen der
verschiedenen Rollen mit dem persönlichen Interesse
nicht vereinen, mangels fehlender Mittel, welche für
die Erfüllung benötigt werden, kommt es zu Rollen-
konflikten. Diesem Ansatz folgt Talcott Parsons, der
mithilfe seines Begriffs der »pattern variables« die
Handlungsalternativen beschreibt, die dem Akteur in
einer Rolle jeweils zur Verfügung stehen. Ein Schüler
von Talcott Parsons, Robert K. Merton, konzipierte
auf dieser Basis ein mehrdimensionales Modell. Laut
Merton besitzt jedes Individuum ein Bündel mit verschiedenen Status, die dadurch zustande kämen, dass
der Akteur in unterschiedlichen gesellschaftlichen Sys-
temen unterwegs sei. Durch die Art und Weise, wie die
Individuen alle ihre Status und die damit verbundenen
Rollen gestalten, entwickelt sich eine soziale Struktur.
Der Fokus von Merton liegt dabei auf dem Handeln
der Individuen zur Konfliktvermeidung.

Im realen Leben ist man täglich in den unterschiedlichsten Rollen unterwegs, ob bewusst oder unbewusst. Durch Interaktion und Konversationen mit der Umgebung und anderen Individuen schlüpft man in diese Rollen – so auch in diesem Moment, während du diesen Text hier liest. Die soziale Rolle beschreibt die Summe der Verhaltensweisen, die eine Person von einer andereren – ausgelöst durch ihr jeweiliges Handeln – erwartet.

Was sind die Merkmale einer Rolle?

Eine Rolle definiert sich vor allem auch über ihre klare Abgrenzung zu anderen Rollen. Das bedeutet: Jede einzelne Rolle umfasst ihre eigenen Rechte und Pflichten (z. B. Dozentenrolle – Studentenrolle). Eine Rolle ist auf die Rollen anderer Personen abgestimmt und angewiesen, wobei sich diese Rollen auch ergänzen (z. B. Elternrolle – Kinderolle, Arztrolle – Patientenrolle).

@ dasbinich_92

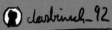

♡ Q Partner

@ dasbinich_92

♡ Q Gitarrist

@ dasbinich_92

♡ Q Mitbewohner

@ dasbinich_92

♡ 💬 Student

- - - →

@ dasbinich_92

♡ 💬 Kind

@ dasbinich_92

♡ 💬 Mitspieler

Eine Rolle existiert unabhängig vom Rollenträger. Sie besteht aus allgemeinen Erwartungen, die der Rollenträger erfüllen muss. Darüber hinaus kann der Rollenträger die Rolle durchaus individuell ausgestalten. Jeder Mensch schlüpft im Laufe seines Lebens in unzählige Rollen. Viele werden von der Gesellschaft bestimmt und zwangsweise zugewiesen, manche werden freiwillig übernommen. Im Unterschied zu den sozialen Kreisen beschreibt die Rolle, wer wir gerade in diesem Moment sind, während wir mit anderen Individuen oder der Umwelt interagieren. Die sozialen Kreise hingegen beschreiben, in welchem Umfeld wir uns gerade befinden und mit wem oder was wir gerade in-

teragieren. Das Rollenprinzip und die sozialen Kreise sind grundlegend für unser gesellschaftliches Leben und entfalten darin ihre Wirksamkeit. Beide Konzepte sind nicht nur als theoretische Werkzeuge des Begreifens hilfreich – sie selbst steuern Interaktion und Kommunikation. Wie sehen diese Konzepte nun in ihrer Übersetzung ins Elektronische und somit in ihrer Übertragung auf die sozialen Plattformen aus? In den Netzwerken schlüpfen wir in unseren elektronischen Ähnlichkeitsbeziehungen in Rollen, die sich in unserem Verhalten und unserem Auftreten auf diesen

<50_51><#sozialerolle><#sozialerkreis><#sozialenetzwerke>

Plattformen manifestieren. Dabei können sich diese Rollen von Plattform zu Plattform unterscheiden. Hier sind wir, wie auch im restlichen Leben, in sozialen, von uns selbst frei gewählten Kreisen unterwegs – bestimmt durch das, was wir liken, teilen und kommentieren.

Wir werden elektronisch nicht in einen bestimmten Kreis hineingeboren. Es gibt also keine primären Kreise, die vom Zufall gewählt sind. In diesem Fall ist uns die Kreiswahl komplett selbst überlassen, wir sind dem Netzwerk oder anderen Usern gegenüber zu nichts verpflichtet. Das beginnt schon mit der Anmeldung für ein beliebiges Netzwerk. Der User entscheidet sich selbst für eine Mitgliedschaft an einer Online-Community und ist nicht durch Geburt an ein bestimmtes Netzwerk gebunden. Viele sozialen Rollen, die unser analoges Leben prägen, lassen sich in den sozialen Netzwerken wiederfinden. Dort schlüpfen wir in die gleichen Rollen wie in der Wirklichkeit, aber auch in komplett neue wie zum Beispiel die Rolle einer Fantasiefigur. Im virtuellen Raum können wir in Rollen schlüpfen, die wir in der Wirklichkeit so nie einnehmen könnten. Online kann man die Person sein, die man möchte, unabhängig davon, wer man im realen Leben ist.

Große Unterschiede zur analogen Lebenswelt werden von den Faktoren Reichweite, Kontrolle und Erreichbarkeit beschrieben. In der Realität sind diese Faktoren meist räumlich oder zeitlich begrenzt – ganz im Gegensatz zu den Gegebenheiten des elektronischen Pendants. Die Reichweite beschreibt die Entfernung, die meine Informationen erreichen können. In der Realität kann eine Information weitergetragen werden, sofern eine Verbindung zwischen zwei Individuen oder mehr besteht. Diese kann räumlich oder zeitlich begrenzt sein, zum Beispiel wenn eine Information auf einer Party im kleinen Kreis erzählt wird.

In diesem Fall ist der Wirkungskreis dieser Informationen in dem Moment räumlich begrenzt, da auf diese

Informationen nur die Gäste der Party Zugriff haben. Im Elektronischen sieht das anders aus. Hier sind Informationen für alle meine Freunde oder Follower verfügbar und zwar immer. Einmal online geteilt, bleibt die Information im Internet. Sie kann nicht mehr ohne Weiteres entfernt werden. Und kommt die Informationsweitergabe einmal ins Rollen und wird viral, kann ich nicht mehr steuern, wer diese Information zu Gesicht bekommen darf und wer nicht. Sie ist nicht mehr örtlich oder zeitlich begrenzt, denn solange die entsprechende Infrastruktur vorhanden ist, kann sie abgerufen werden. Der User muss nicht mal auf dem gleichen Kontinent sein, um an sie zu gelangen.

Dies wird vom zweiten Faktor unterstützt: der Erreichbarkeit. Die Erreichbarkeit beschreibt, wann ich an meine Informationen kommen kann. So sind für mich in der

<52_53><#sozialerolle><#sozialerkreis><#sozialenetzwerke>

Realität die Informationen einer Bibliothek nur zu den entsprechenden Öffnungszeiten erreichbar. Außerhalb dieser Zeiten stehe ich dort vor geschlossenen Türen und komme nicht an die Informationen, die dort gebündelt vor Ort liegen. In den sozialen Netzwerken gibt es keine Öffnungszeiten. Hier sind die Informationen immer, zu jeder Tages- und Nachtzeit erreichbar und abrufbar.

Der dritte Faktor ist die Kontrolle. Die Kontrolle beschreibt die Steuerung der Informationen und damit auch, wer diese einsehen kann. So kann ich beispielsweise in einem Dialog bestimmen, dass die ausgewählten Informationen mein Gegenüber erreichen und dabei sind diese für ihn exklusiv. Diese Exklusivität geht verloren, wenn eine Dialogsituation auf den sozialen Plattformen stattfindet. Sind die Informationen erst

mal hier, kann ich nun nicht mehr steuern, wer welche Informationen bekommen soll. Trotz der Versuche, die Informationen elektronisch nur einem bestimmten Kreis zugänglich zu machen, zum Beispiel durch bestimmte Privatsphäre-Einstellungen, können diese weltweit geteilt und abgerufen werden, ohne dass ich mein Gegenüber kennen muss. Die Kontrolle ist an dieser Stelle somit nicht mehr gegeben. In den sozialen Netzwerke gilt für alle drei Faktoren weder eine zeitliche noch eine räumliche Begrenzung. Wo in der analogen Wirklichkeit Informationen noch an diese Faktoren gebunden sind, trifft das im Blick auf die sozialen Netzwerken nicht mehr zu. Sobald sie online sind, sind Informationen zu jeder Tages- und Nachtzeit abrufbar, von überall auf der Welt, solange es die technische Infrastruktur zulässt.

»5.«

#mediaexperts #laie #profi
#nonmediaexperts #blogger
#influencer #expert #privat
#erfahrung #mythen #fake

#mediaexperts
#nonmediaexperts

Dank der niedrigen Eintrittsbarrieren in die sozialen Netzwerke, die zum Beispiel durch intuitiv zu bedienende Interfaces bestimmt werden, kann jeder User relativ einfach nicht nur in die Rolle des Konsumenten, sondern auch in die des Produzenten springen. Jeder springt von Zeit zu Zeit in seinen Rollen, abhängig davon, in welchen Kreisen er sich bewegt. Das hat zur Folge, dass eine neue Verteilung und Kategorisierung geschaffen werden muss, um die sich im Netz abspielende Mythenproduktion richtig deuten zu können. Ich unterteile deswegen im Folgenden die User in »Media Experts« und »Non Media Experts«.

Unter »Media Experts« verstehe ich die Blogger und erfahrenen User, die sich mit den sozialen Netzwerken und den Followern ihr eigenes Business aufgebaut haben. Sie wissen genau, wie ihre Community funktioniert und agiert. Der Media Expert weiß genau, welcher Content wann und wie die Follower am besten erreicht, um eine möglichst große Reichweite zu erzielen. Der Media Expert kennt die Insights und versucht stets, seinen Content dem Algorithmus anzupassen.

Im Allgemeinen wird hier auch mal vom »Influencer« gesprochen, was meiner Meinung auf die falsche Fährte führt. Ein »Influencer« bezeichnet in der Übersetzung einen »Beeinflusser«. Allerdings ist dieser Begriff nicht an eine bestimmte Zahl der Follower und auch nicht ausschließlich an die sozialen Netzwerke zu binden. In gewissem Sinne sind wir alle Influencer, denn wir alle vertreten Meinungen und spielen damit auch eine Rolle bei der Meinungsbildung. Influencer sind deshalb nicht nur Leute, die auf den sozialen Plattformen eine bestimmte Reichweite besitzen, sondern können zum Beispiel auch innerhalb deiner Firma oder deinem Sportklub tonangebend sein. Vielleicht bist du selbst diejenige, die oft um Rat gefragt wird.

Quelle:
http://philippsteuer.de/warum-jeder-ein-influencer-ist-auch-du/

Somit bist du ein Influencer, auch wenn Reichweite und Erreichbarkeit begrenzt sein mögen.

Der Media Expert ist an dieser Stelle jedenfalls die genauere Bezeichnung. Ihm stehen die »Non Media Experts« gegenüber, also die Leute, die die sozialen Netzwerke aus dem privaten Gebrauch heraus nutzen und kein kommerzielles Interesse verfolgen. Sie posten, was sie wollen, wann sie es wollen und richten sich nicht nach Algorithmen oder achten auf Vorschriften. Sie sind ebenfalls in der Doppelrolle von Produzenten und Konsumenten. Gemäß der unterschiedlichen Rollen von Experten und Nicht-Experten lässt sich fragen, ob die Media Experts sich die Mythenmaschine zunutze machen, um die Non Media Experts unter ihren Followern und Freunden zu täuschen? Was sind das überhaupt: »Follower« und »Freunde«?

Wer ist mein Freund?

Der Begriff »Freund« definiert sich in sozialen Netzwerken über das Mittel einer aktiven Bestätigung. Um einem gewünschten Profil dem aktiv zustimmen, muss der Betreiber des Profils dem aktiv zustimmen. »Follower« hingegen können Social-Media-Profilen einfach so folgen, ohne eine Bestätigung bekommen zu müssen. Hier gilt der Fall, dass die Privatsphäre-Einstellungen so definiert sind, dass das Profil auf diese Weise zugänglich ist. Plattformen, auf denen beide Modelle verfügbar sind, sind oftmals so ausgelegt, dass die Follower eher für das Business und die Freunde für den privaten Bereich gedacht sind.

Der Unterschied zwischen den beiden Gruppen liegt in der Reichweite. Während Media Experts vermehrt auf Follower setzen, versammelt der Non Media Expert vorwiegend Freunde um sich. Gibt es auf einer bestimmten Plattform entweder nur die Freunde- oder die Followeroption, so dass man nicht aktiv auswählen kann, zeichnet sich der Non Media Expert zum Beispiel dadurch aus, dass er im Gegensatz zum Media Expert viele seiner Follower persönlich kennt. Lässt sich erkennen, ab wann man ein Media Expert ist? In der eigenen Umfrage wurden die Studienteilnehmer gefragt, wie

70% der Freundesliste kennen die Befragten persönlich

viele ihrer Freunde und wie viele ihrer Follower sie auf den sozialen Netzwerken persönlich kennen. 695 der befragten 1.049 Leute gaben an, dass sie alle ihrer Freunde oder mindestens 70% der Leute aus ihrer Freundesliste kennen. Dieser Befund ändert sich auch nicht, wenn man die Befragten nach Altersgruppen klassifiziert. Die Umfrage kann die These nicht bestätigen, dass ein jüngerer User weniger von seinen Freunden persönlich kennt, als ein älterer User. Auch in der Altersgruppe von 14–17 geben die Befragten an, dass sie alle oder mindestens 70% persönlich kennen. Bei den Altersgruppen von 18–24 und 25–34 Jahren lässt sich eine leichte Abweichung nach oben feststellen. Dort sind es mindestens 80% oder mehr der Freunde, die die Befragten persönlich kennen. Einen Unterschied zwischen den Geschlechtern gibt es diesbezüglich nicht.

Cheese!

Der User

<60_61><#mediaexperts><#nonmediaexperts>

In Hinblick darauf, wie viele Befragte ihre Follower auf den sozialen Netzwerken tatsächlich persönlich kennen, ist die Verteilung wesentlich gemischter. Das könnte damit zusammenhängen, dass dieser Fragebogen sowohl Media Experts also auch Non Media Experts vorgelegt wurde, die natürlich unterschiedlich mit Followern interagieren. Es lässt sich sagen, dass 689 der insgesamt 1.049 befragten Personen angegeben haben, dass sie niemanden ihrer Follower oder maximal die Hälfte der Follower persönlich kennen.

Auch hier wurden die einzelnen Altersgruppen untersucht. Die Altersgruppe 14-17 Jahre zeigt das gleiche Ergebnis wie die Gesamtübersicht. Die Mehrzahl der Befragten aus dieser Gruppe gibt an, die Hälfte oder weniger bis gar keine Follower persönlich zu kennen. Interessant wird es bei den nächsten zwei Altersgruppen. Hier verteilt sich die Gruppe mit den meisten Antworten auf zwei verschiedene Lager.

Die Befragten der Altersgruppe 18-24 Jahre gaben an, entweder die Hälfte ihrer Follower zu kennen oder ein Drittel bis gar keine. In der dritten Altersgruppe 25-34 Jahre verteilten sich die mehrheitlichen Angaben auf drei Bereiche. Der Großteil gab an, ein Fünftel oder weniger persönlich zu kennen, und die beiden anderen größeren Gruppen gaben an, entweder die Hälfte oder sogar fast 100% Follower persönlich zu kennen. Das Ergebnis lässt sich damit erklären, dass vor allem unter den Älteren die Netzwerke mit der Follower-Funktion vor allem von den Non Media Experts genutzt werden.

Die Geschlechterverteilung war hier auch nicht so eindeutig wie bei der ersten Frage. Während bei den Männern der Großteil angab, ein Fünftel oder weniger zu kennen, zeigte sich das Ergebnis bei den Frauen weniger fokussiert. Hier verteilte sich die Gruppe mehr oder weniger gleichmäßig auf die ganze Bandbreite an Antwortmöglichkeiten.

Der Großteil der Befragten gab an, niemanden bis maximal der Hälfte der eigenen Follower zu kennen. Innerhalb der Altersgruppen gibt es weitere Unterschiede.

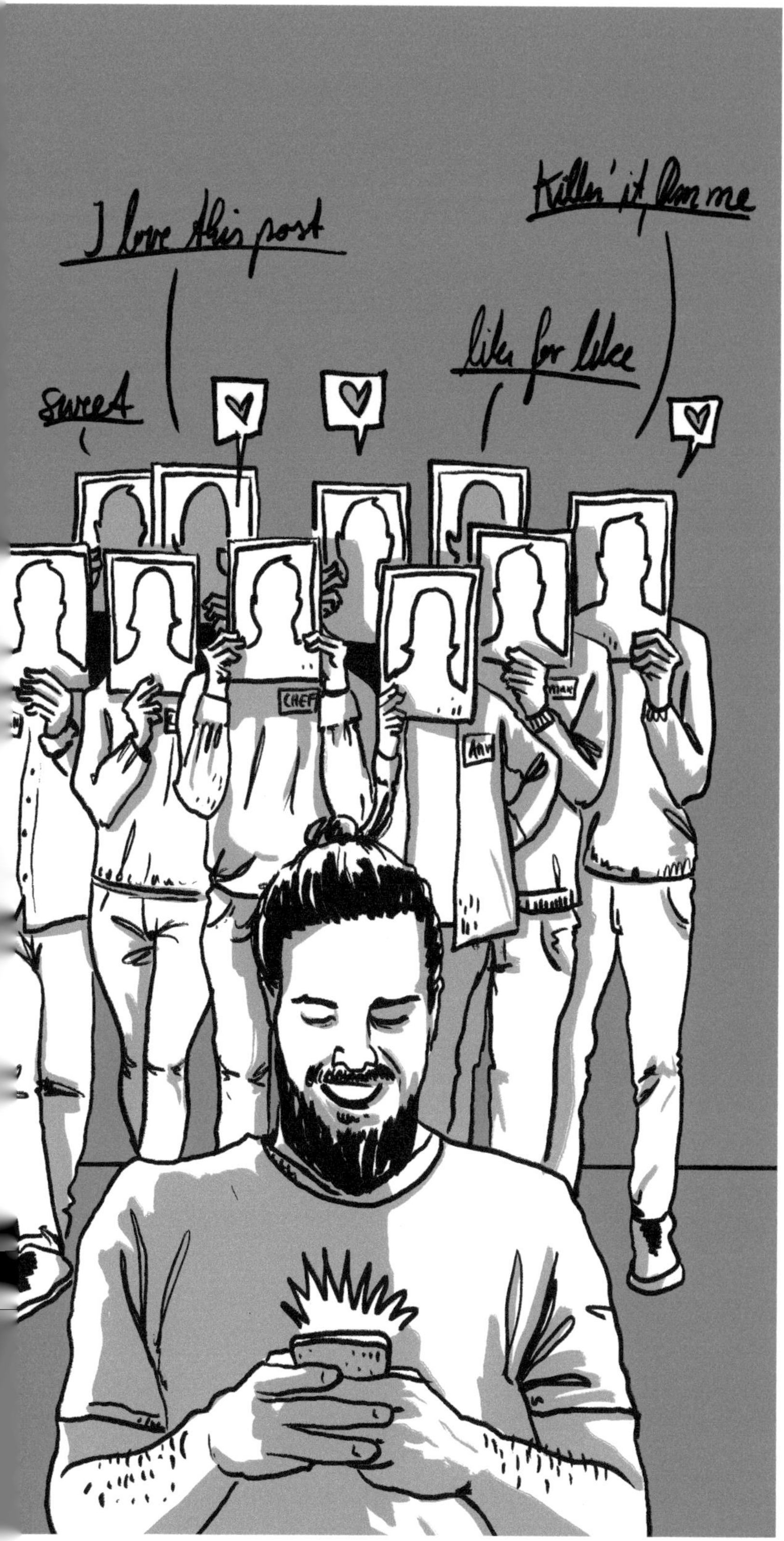
I love this post
like for like
CHEF

Neue Veranstaltung erstellen

Name	Klassentreffen
Details	weitere Infos demnächst
Wo	📍 Schule
Wann	📅
Privatsphäre	👥 Freunde ▾

Freunde einladen   [Neu] [Abbrechen]

»6.«

#elektronisch #klassentreffen
#prahlen #angeben #fake
#klasse #treffen #jahrgang
#wiedersehen

<64_65><#klassentreffen>

#elektronisch
#klassentreffen

Aus der Sicht der Mythenmaschine lassen sich die sozialen Netzwerke am ehesten so beschreiben: als großes, andauerndes Klassentreffen. Bei genauem Hinsehen offenbaren sich viele Parallelen.

Was genau ist ein Klassentreffen? Ein Klassentreffen beschreibt eine Gruppe von Menschen, die auf Grund ihrer schulischen Ausbildung einen bestimmten Zeitraum gemeinsam verbracht haben. Nach einer gewissen Zeitspanne werden diese Treffen meist von ehemaligen Mitgliedern dieser Gruppe organisiert. Sie werden genutzt, um die ehemaligen Klassenkameraden wiederzusehen und um sich auszutauschen. Dieser Aspekt lässt sich auch auf die sozialen Medien übertragen.

Die häufigste Antwort, die ich von Freunden, Bekannten und Followern auf die Frage bekam, warum er oder sie die Social Media Plattformen nutzt, war, dass man mit seinen Freunden in Kontakt bleiben wollte. Es entsteht der Eindruck, dass diese Plattformen heutzutage essenziell wichtig sind, damit Freundschaften und Kontakte aufrecht erhalten werden können. In der Shell-Jugendstudie von 2015 gab über ein Drittel der befragten Jugendlichen im Alter von 12–25 Jahren an, dass ihnen im Fall des Verlusts ihres Smartphones oder Tablets plötzlich ihr halbes Leben fehlen würde. Soziale Netzwerke werden vermeintlich immer wichtiger und bekommen dadurch einen immer höheren Stellenwert. Auch ein weiterer Aspekt verbindet die sozialen Netzwerke mit einem Klassentreffen: Wenn man nach langer Zeit seine ehemaligen Mitschüler wiedersieht, versuchen alle erst einmal die guten Erfahrungen und die eigenen Erfolge zu teilen, um zu zeigen, dass man es zu etwas gebracht hat. Dieses Bedürfnis kommt bei verschiedenen Leuten in verschiedener Abstufung zur Tragweite und dasselbe gilt auch für die Selbstdarstellung in den sozialen Netzwerken.

<66_67><#klassentreffen>

Jeder postet Content und – bewusst oder unbewusst – werden vorwiegend Eindrücke, Momente, Meinungen und Fotos gepostet und geteilt, die mit dem Bestreben nach mehr Anerkennung, Aufmerksamkeit und Bewunderung verbunden sind oder die nur deswegen geteilt werden, um zeigen zu können, was man gerade macht oder wo man sich aktuell aufhält. Zugespitzt gesagt, stellt sich dies nicht anders als auf einem Klassentreffen dar, vor dem man sich lange Zeit nicht gesehen hatte und bei dem man nun einen möglichst guten Eindruck machen möchte.

Natürlich gibt es auch hier unterschiedliche Verhaltensweisen. So wie dies auch für das Klassentreffen gilt, verhalten sich auch in den sozialen Netzwerken alle unterschiedlich. Die User lassen sich dabei in unterschiedliche Stufen der Interaktivität kategorisieren.

Den Anfang macht der User, der sich auf der Plattform registriert hat, aber dort nie selbst Content hochlädt oder teilt. Der User liest nur still und passiv mit, im Bezug auf das Klassentreffen sind es die Schüler, die zwar eingeladen sind, aber nie erscheinen oder, wenn sie doch auftauchen, nur passiv am Rand der Veranstaltung aufhalten.

Der nächste User hat zu Beginn seiner Mitgliedschaft in den sozialen Medien mal etwas gepostet, ist dann aber auch eher passiv auf der Plattform, gleichzusetzen mit denjenigen Leuten auf dem Klassentreffen, die man sieht, wenn sie kommen, aber dann den ganzen Abend nicht mehr zu Gesicht bekommt. Eine Stufe darüber gibt es den Gelegenheitsposter, der immer nur dann Content in die Timeline wirft, wenn er aktuell etwas Tolles oder Schönes erlebt hat. Man findet immer mal wieder etwas von ihm in seiner Timeline, aber nicht regelmäßig. Er ist der derjenige auf dem Klassentreffen, der nur dann von sich etwas Positives erzählt, wenn ihm danach ist. Dem folgt der regelmäßige Poster, der immer in bestimmten Abständen oder zu bestimmten Uhrzeiten Content auf der Plattform hochlädt. Auf den Klassentreffen sind es immer dieselben

Leute, die immer wieder von neuen Erfahrungen berichten. Zu guter Letzt gibt es den aktiven »Allesposter«. Dieser teilt alles mit seinen elektronischen Freunden und Followern, z. B., wo er sich gerade befindet und was er mit wem gerade tut. Auf dem Klassentreffen wären es diejenigen, die ungefragt alles von sich preisgeben würden.

Auf die Frage, wie viele Informationen die Befragten von sich auf den sozialen Netzwerken preisgeben, ergab die eigene Umfrage, dass bei 572 der insgesamt 1.049 Teilnehmer weniger als ein Drittel der Informationen auf den Profilen echt ist bzw. der Wahrheit entspricht.

Das Ergebnis meiner Umfrage wird durch die Shell-Jugendstudie unterstützt, in der die Jugendlichen gefragt wurden, wie sie mit ihren persönlichen Daten im Internet umgehen. Fast die Hälfte der Befragten zwischen 22–25 Jahren gab an, sehr vorsichtig mit persönlichen Daten umzugehen. Ein weiteres Drittel gab an, vorsichtig mit den Daten umzugehen. Bei den 12–14-Jährigen ist es die Hälfte, die sagt, dass sie sehr vorsichtig mit ihren Daten umginge. Ein weiteres Viertel gab an, vorsichtig mit den eigenen Daten umzugehen.

Quellen:
Shell-Jugendstudie 2015: Kritischer Blickwinkel –
Einstellung zu Social Media als Big Business

Mythos Social Media – die Ästhetik der
Täuschung Umfrage

Dennoch: Auch für die Angaben zum eigenen Datenumgang im Netz gilt, dass der Übergang zum Mythos durch die ästhetische (Selbst-)Täuschung fließend ist. Eine Angabe über sich, die man entsprechend zugerichtet hat, mag nicht mehr als sensible »persönliche Angabe« empfunden werden. Die eigene Interaktivität im Netz bestimmt den Grad der Täuschung und steuert dadurch letztlich auch das eigene Ästhetisierungspotential. Ein weiterer Aspekt, der den Ähnlichkeitsbezug zur eigenen Person näher oder eben weitläufiger gestaltet, ist das Maß der Seriosität, mit der die eigenen Aktivitäten im Netz betrachtet werden. Wie viele der Inhalte, die ich poste, entsprechen der Realität? Wie viel davon habe ich geschönt? Was verschweige ich? Und was poste ich?

»7.«

#schluesselloch #effekt #key
#reality #realitaet #echtheit
#identitaet #picoftheday
#fake #nofilter

<72_73><#schluesselloch><#effekt>

#schluesselloch
#effekt

Die sozialen Netzwerke sind ein Ort für einen dauerhaften Wettbewerb, den Vergleich und ein Streben nach dem Unmöglichen geworden.

Selten wird hinterfragt, ob die geteilten Inhalte in unserer Timeline so überhaupt real sein können. Was dem geteilten Inhalt nicht angesehen werden kann, ist, wie viel Zeit oder Arbeit zum Beispiel in einem Post steckt. Wie viel Arbeit steckt zum Beispiel in einem hochgeladenen Foto? Wie viele Anläufe hat es gebraucht, den »Schnappschuss« zu machen? Ist das Foto tatsächlich gerade erst gemacht worden? Bist du überhaupt dort, wo du vorgibst zu sein? Das sind nur einige der Fragen, die der Konsument in dem Fall nicht vom Produzenten beantwortet bekommt. Dies führt dazu, dass alle ihre eigenen Täuschungsversuche mit denjenigen der anderen vergleichen. Man versucht diese zu erreichen oder sogar zu übertreffen. Im Abgleich der eigenen Identität an den elektronischen Verstellungen anderer User entsteht der Impuls zur Modifizierung der eigenen, sich in Ähnlichkeitsbeziehungen zum Selbst entfaltenden Präsentation im Netz. **Dergestalt** bewegt man sich als User im Internet mehr oder weniger bewusst oder unbewusst in eine ästhetische Blase der Täuschung hinein.

Der Blick auf die jeweiligen User wird maßgeblich davon bestimmt, welche Informationen eine Person über sich offenbart. Er gleicht einem Blick durch das Schlüsselloch. Ich sehe nur Teilaspekte eines größeren Ganzen, in diesem Fall einer Person. Was zeigt mir diese? Was blendet sie aus? Durch den geposteten Content, den mir die entsprechende Person präsentiert, bekomme ich unterschiedliche Schlüssellöcher in unterschiedlichen Formen und Größen. Anhand dieser Informationen setze ich mir mein Gegenüber zusammen. Er wird

<74_75><#schluesselloch><#effekt>

zur Projektionsfläche, auf der sich das eigene Ästhetisierungspotenzial frei entfalten kann. Es entsteht ein Bild von der Person, das in seiner Fragmentiertheit die Mythen über diese Person begründen. Wie viel davon der Realität entspricht, kann man oftmals nicht überprüfen bzw. nur, wenn man die fragliche Person auch aus dem analogen Lebensalltag kennt und nicht nur aus der elektronischen Blase der ästhetischen Täuschung. Was erscheint mir? Wie nehme ich die Person dadurch wahr? Und was entspricht der Realität? Was erfahre ich über die Person? Je größer das Schlüsselloch ist und somit auch die geteilten Informationen, desto mehr entsteht der Eindruck, die Person kennenzulernen, wodurch ein vertrautes Gefühl entsteht.

Aus dem Blick durch das Schlüsselloch wird das Panorama einer Persönlichkeit. Ob mir die wirkliche Person oder doch nur ein umfassender Ausblick auf eine gespielte Rolle gezeigt wird, bleibt zumeist offen.

Während wir im realen Leben nie frei von Wertungen und Vorurteilen sind und uns vorzugsweise in sozialen Kreisen sammeln, deren Schnittmenge unsere Identität bildet, bilden sich im Elektronischen die sozialen Kreise aus dem, was ich teile, like oder kommentiere. Auch hier lassen sich Gleichgesinnte finden. Aber wir offenbaren jeweils nur einen bestimmten Blick auf uns in den sozialen Kreisen. Je weniger Informationen wir über unser Gegenüber bekommen, desto größer ist das Ästhetisierungspotenzial und die damit verbundene Mythenproduktion. Ist mehr Content vorhanden, so ist es möglich, ein genaueres Bild von unserem Gegenüber zu bekommen, welches entweder nur noch ein geringes Potenzial der Selbstmythisierung besitzt oder ein weiterhin hohes, da die Informationen den erzeugtes Mythos weiter unterstützen und die gespielte Rolle bekräftigen.

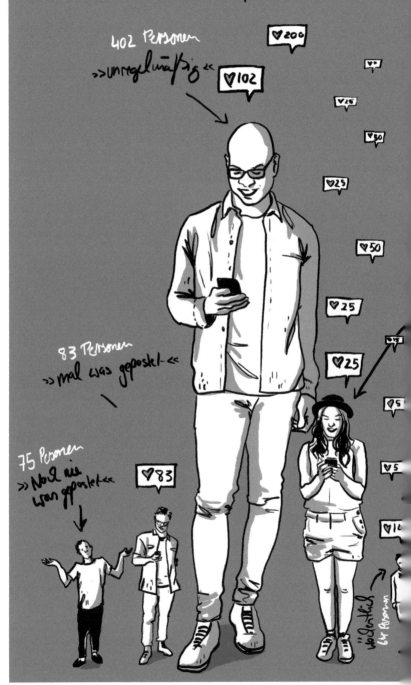

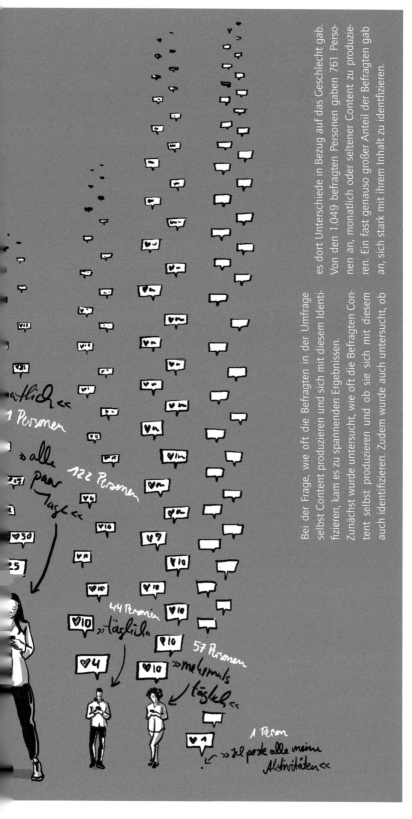

Bei der Frage, wie oft die Befragten in der Umfrage selbst Content produzieren und sich mit diesem Identifizieren, kam es zu spannenden Ergebnissen. Zunächst wurde untersucht, wie oft die Befragten Content selbst produzieren und ob sie sich mit diesem auch identifizieren. Zudem wurde auch untersucht, ob

es dort Unterschiede in Bezug auf das Geschlecht gab. Von den 1.049 befragten Personen gaben 761 Personen an, monatlich oder seltener Content zu produzieren. Ein fast genauso großer Anteil der Befragten gab an, sich stark mit ihrem Inhalt zu identifizieren.

<78_79><#schluesselloch><#effekt>

Von den 637 befragten Frauen gaben 378 an, monatlich oder unregelmäßiger Inhalte zu posten. Über die Hälfte dieser Gruppe ist zwischen 18 und 24 Jahre alt. Wenn dieser Content dann noch Aufmerksamkeit und Feedback erzeugt, empfinden sie starke Zufriedenheit und nur etwa jede Siebte empfindet Unzufriedenheit oder gar Traurigkeit, wenn der Content keine Aufmerksamkeit bekommt. 49 Befragte gaben an, täglich oder öfter Content zu posten – 23 davon waren zwischen 18–24 Jahre und 19 zwischen 14–17 Jahre alt. Über die Hälfte der 49 Befragten verspürt starke Zufriedenheit, wenn der produzierte Content Aufmerksamkeit und Feedback erzeugt. Entsprechende Unzufriedenheit, wenn der Content keine oder nicht die richtige Aufmerksamkeit bekommt, ist nicht wirklich vorhanden. Ein Erklärung dafür könnte sein, dass es aufgrund des hohen Outputs nicht so gravierend ist, wenn Inhalte nicht stets die gleiche Aufmerksamkeit erfahren.

Von den 372 männlichen Befragten gaben 151 an, regelmäßig, 54 gelegentlich, 39 alle paar Tage und weitere 39 gar nicht zu posten. Fast die Hälfte der Befragten ist zwischen 18 und 24 Jahre alt.

In Bezug auf die Zufriedenheit lässt sich sagen, dass es jedem Sechsten egal ist, ob durch den Content Feedback und Zufriedenheit erzeugt werden, wobei trotzdem zwei Drittel der Befragten Zufriedenheit verspüren. Nur jeder Zehnte empfindet Unzufriedenheit, wenn der eigene Content keine Aufmerksamkeit bekommt. Die größte Altersgruppe ist die der 18–24-Jährigen, die fast die Hälfte ausmacht. Ein weiteres Viertel bilden die 14–17-Jährigen und ein Fünftel machen die 25–34-Jährigen der männlichen Befragten aus. 43 geben an, mindestens täglich zu posten – 15 sind zwischen 14 und 17 sowie 19 zwischen 18 und 24 Jahren alt. Es zeigt sich, dass die in der Stichprobe vorwiegenden Altersgruppen (14–17 und 18–24 Jahre) sich nicht wirklich in ihrer Interaktion unterscheiden. Fast alle empfinden es als positiv, wenn ihr Inhalt Aufmerksamkeit erzeugt. Für über die Hälfte ist es nicht schlimm, wenn der Content keine Aufmerksamkeit erzeugt. Das Alter der täglichen Poster verteilt sich auf die 18–24- und die 14–17-Jährigen, wobei die erste Gruppe fast die Hälfte der Befragten ausmacht und die zweite Gruppe mehr als ein Drittel. Es lässt sich noch die Vermutung äußern, dass die Unzufriedenheit bei den Media Experts größer sein sollte als bei den Non Media Experts, wenn es darum geht, dass der gepostete Content keine Aufmerksamkeit erzeugt. Denn diese sind darauf angewiesen, dass der Content Aufmerksamkeit bekommt und Reichweite generiert.

4 von 6 ♀ identifizieren sich mit ihrem Content
How are y
Hello?
Kiss

← identifizieren sich
mit ihrem Content

Eine weitere spannende Frage ist, ob sich die Befragten mit dem eigenen Content identifizieren. Bei den befragten Frauen sind es 414 von 637, die sich mit ihrem Content identifizieren können. Im Bezug auf die Gruppe der täglich postenden Userinnen stehen bis zu 80 % hinter ihrem Content. Bei den Männern gaben 233 an, sich mit ihren Inhalten zu identifizieren. Die Gruppe der täglichen Poster sagt, dass der Großteil mit mind 90 % dahinter steht. Hat die Häufigkeit des Postens etwas damit zu tun, ob die User mehr oder weniger Zufriedenheit empfinden? Laut der eigenen Umfrage ist die Häufigkeit nicht relevant. Es ist egal, ob der User, unregelmäßig, monatlich, wöchentlich oder gar täglich Content postet. Die User empfinden immer starke Zufriedenheit, wenn der Content Aufmerksamkeit und Feedback erzeugt.

<82_83><#schluesselloch><#effekt>

Die Annahme, dass diejenigen Leser, die oft Inhalt teilen, weniger Zufriedenheit verspüren, wenn der einzelne Post nicht das entsprechende Feedback erzeugt, kann nicht bestätigt werden. Das ist an sich auch nicht verwunderlich. Es gibt bereits erste Untersuchungen, wie sich das Liken und geliked werden auf uns auswirkt. Die Frage, die dahinter steht: Warum fühlt es sich gut an, wenn jemand meinen Content liked? Ganz einfach: Das Belohnungszentrum im Gehirn wird aktiv. Das ist bemerkenswert, denn dieses wird auch aktiv, wenn wir zum Beispiel etwas Süßes schmecken. Dass Süßes meist vermeintlich nährreich ist und unser Körper gerne mehr davon will, ist ja nicht unbekannt. Eine Art Überlebensinstinkt, der noch übrig geblieben ist. Aber wieso sorgt elektronische Bestätigung für ein ebensolches Gefühl? Dies hat wohl mit dem ausgeprägten menschlichen Drang nach Anerkennung zu tun und bei Befriedigung desselben werden wir von unserem Gehirn mit einem guten Gefühl belohnt. Bei den Urmenschen war ein soziales Umfeld bzw. eine Gruppe überlebenswichtig. Auch wenn wir heute viel abstrakter von unseren Mitmenschen abhängig sind und keiner Gruppe mehr bedürfen, um unser Überleben zu sichern, sorgt dieses Bedürfnis nach sozialer Anerkennung auch heute noch dafür, dass wir ein gutes Gefühl bekommen, wenn unsere Inhalte in den sozialen Medien geliked, geteilt oder kommentiert werden.

Likes zu bekommen, ist die elektronische Süßigkeit.
Artikel Quelle:
http://www.sueddeutsche.de/wissen/hirnforschung-mit-facebook-wie-die-gier-nach-likes-das-gehirn-antreibt

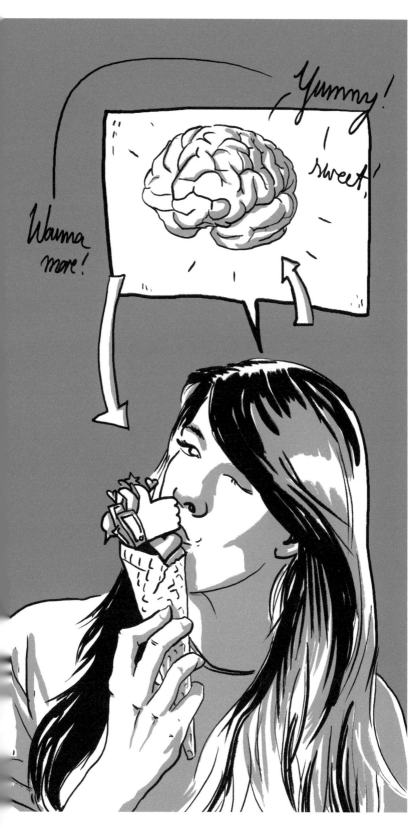

<84_85><#schluesselloch><#effekt>

Der Großteil der Befragten in meiner Studie sagt aus, dass sie hinter ihren Inhalten stehen, auch wenn die Mehrheit nicht oft Inhalte postet. Wie sieht es aus mit dem Betrachten von anderen Profilen? Wie viele der Informationen sind dort ihrer Meinung nach echt und in welcher Weise spiegeln sie die Identität des Menschen dahinter? Von den 1.049 Befragten gehen 771 davon aus, dass auf dem Profil eines sozialen Netzwerks keine bis maximal die Hälfte der Informationen der wirklichen Identität des Menschen dahinter entsprechen würden. Das heißt, dass der Mythenapparat bei diesen Leute nicht oder nur zum Teil funktioniert.

Das Geschlechterverhältnis stellt sich in dieser Frage ausgeglichen dar: Zwei Drittel der Personen, die diese Ansicht vertreten, sind Frauen und ein Drittel Männer, was die Geschlechterverteilung der gesamten Umfrage widerspiegelt. Die Hälfte dieser Gruppe ist zwischen 18 und 24 Jahre alt. Die restlichen Altersgruppen teilen sich entsprechend ihrer Verteilung in der Stichprobe auf. Es existieren hier also keine Unterschiede, die zeigen, dass eine bestimmte Altersgruppe sich weniger oder mehr getäuscht sieht als eine andere.

Im Gegensatz dazu sagen 278 der Befragten, dass auf dem Profil eines sozialen Netzwerks über die Hälfte bis hin zu alle Informationen des besuchten Profils die tatsächliche Identität des Users widerspiegeln. Auch diese Gruppe der ›Vertrauensseligen‹ besteht etwa zu zwei Dritteln aus Frauen und einem Drittel aus Männern. Vergleich man sie mit der Gruppe der ›Skeptiker‹, die meint, dass maximal die Hälfte der Informationen oder weniger der Wahrheit entsprächen, fällt auf, dass bei den ›Vertrauensseligen‹ die 25–34-Jährigen etwas weniger und die 14–17-Jährigen etwas stärker vertreten sind. Kann man also sagen, dass die Gruppe der 14–17-Jährigen vermehrt für Mythen anfällig ist bzw. die Inhalte auf den besuchten Plattformen nicht so hinterfragt, wie es die 25–34-Jährigen vielleicht tun?

Es überrascht, dass die Unterschiede zwischen den einzelnen Altersgruppen nicht wirklich bemerkenswert sind. Ich hatte angenommen, dass sie wesentlich größer sein würden. Das überrascht vor allem auch deswegen, weil 572 der Befragten (bei einer Gesamtstichprobe von 1.049) auf die Frage, wie viele der Informationen, die sie selbst auf den sozialen Netzwerken preisgeben würden, echt seien, angaben, dass weniger als ein Drittel der Informationen auf ihren Profilen echt sei bzw. der Wahrheit entspräche. Obwohl die Befragten laut der Ergebnisse der Umfrage also angaben, selbst nur einen bestimmten Teil der Informationen über sich auf den Plattformen preiszugeben, nehmen sie von ihrem Gegenüber an, dass dieser mehr von sich preisgibt. Woher kommt diese Annahme? Hängt sie mit dem Schlüssellocheffekt zusammen und den daraus resultierenden Mythen? Wirken die eigenen Mythen bei anderen so gut?

Wie genau die Schlüssellöcher mit der Mythenmaschine zusammenarbeiten lässt sich am Besten anhand von Beispielen visualisieren.

»8.«

#schluesselloecher #beispiel
#bsp #brotkrumen #mythen
#maschine #reality #echt
#erfahrungen #hautnah

<88_89><#schluesselloecher><#beispiele>

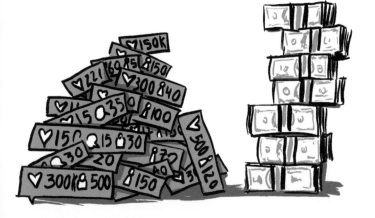

#schluesselloecher
#beispiele

Schlüssellöcher sind die elektronischen Brotkrumen, die den Nährboden für die Mythenmaschine bilden. Dass die Mythenmaschine auch funktionieren kann, wenn man sein Gegenüber aus der analogen Realität kennt, zeigt das folgende Beispiel.

Seit Jahren bin ich selbst nun neben dem Studium selbstständig als Designer, Künstler, Videograph und Illustrator tätig. Ich habe mir also auch die sozialen Netzwerke zunutze gemacht, um meine Arbeiten und Gedanken zu teilen. So erreiche ich auf den bekannten Plattformen Facebook, Twitter, Instagram und YouTube insgesamt über 16.000 User. und habe mir dort eine kleine, aber feine Community aufgebaut. Meine sozialen Kanäle, die ich für die Selbstständigkeit nutze sind ganz klar aus der Media-Expert-Perspektive zu betrachten. Ich poste nicht alles und meist auch nur die guten Sachen. Ich weiß, was gut läuft und welcher Content gut ankommt. Somit ist hier eine Täuschung an der Tagesordnung. Wie gut diese Täuschung funktioniert, war mir am Anfang gar nicht klar, bis ich mit einer Mitstudentin ins Gespräch kam.
Anhand meiner Aktivitäten konnte ich jetzt auch jüngst bei der Entstehung des Mythos zusehen und die Wirkung beobachten, die mein Content auf andere besitzt. Ich kam mit besagter Mitstudierenden über mein Instagramprofil ins Gespräch und bei der Frage, wie es für uns nach dem Studium weitergeht, sagte ich ihr, dass ich es noch nicht wüsste, da meine Selbstständigkeit allein noch nicht auskömmlich sei. Meine Mitstu-

<90_91><#schluesselloecher><#beispiele>

dentin schaute mich in dem Moment erstaunt an, denn sie war davon ausgegangen, dass ich von meinen Sachen, die neben dem Studium entstehen, leben könnte und es bei mir also schon sicher wäre, wie es für mich weiterginge. Dieses Beispiel zeigt für mich sehr deutlich, wie trotz der Tatsache, dass wir uns auch persönlich kannten, das elektronische Auftreten dafür gesorgt hatte, dass dieser Mythos entstehen konnte.

Die Mitstudentin hatte auf Grundlage ihres Schlüssellochblicks auf meine Selbstständigkeit diesen Mythos generiert. Einerseits freut es mich als Media Expert, dass das professionelle Auftreten funktioniert, andererseits zeigt es mir, wie einfach es ist, vor allem auch Non Media Experts zu täuschen und die Mythisierung in Gang zu setzen. Dies spiegelt, wie der eigene Content von anderen Personen wahrgenommen wird bzw. welche Projektionen er auszulösen imstande ist. Man selbst sieht nicht unbedingt, was man auf den sozialen Plattformen ausblendet, denn für den Produzenten sind ja alle Informationen zugänglich, nur der Konsument bekommt eine bestimmte Auswahl vorgesetzt.

Mein zweites Beispiel basiert auf einem Artikel aus der Wochenzeitung »Die Zeit« und zeigt sehr deutlich, wie die sozialen Netzwerke und die Mythenproduktion, die von ihnen ausgeht, uns heutzutage beeinflussen. Selbst der eigene Urlaub wird danach ausgewählt, welche Bilder von entsprechenden Orten auf Instagram gefunden werden.

Der erwähnte »Zeit«-Artikel stellt Instagram-Reisefotografien vom Profil »German Roamers« vor. Die Blogger betreiben den Blog mittlerweile hauptberuflich. Sie fliegen dafür um die Welt, um Landschaftsaufnahmen zu machen, welche dann tausendfach geliked werden.

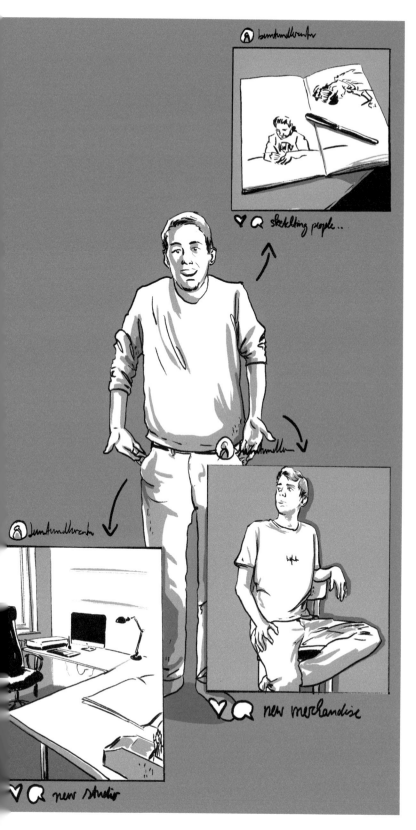

<92_93><#schluesselloecher><#beispiele>

Das Markenzeichnen dieses Instagramprofils ist eine eigene Bildsprache. Es sind oft schön in Szene gesetzte Landschaftsaufnahmen, in denen meist noch eine Person zu sehen ist, klein wie eine Wachsfigur. Der Betrachter soll sich in die Situation hineinversetzen. Fertig ist der perfekte Urlaubsmythos. Denn was der Betrachter hier nicht sieht, ist all das, was hinter dem tollen Foto steckt. Es ist das Schlüsselloch, das dem Betrachter zeigt, wie toll dieser eine Moment hier ist. Wie toll der Ausblick auf die wunderschöne Landschaft ist. Wie viele Anläufe der Fotograf gebraucht hat, bis die Aufnahme den gewünschten Eindruck erzielte, wird nicht gesagt. Wann der Fotograph aufgestanden ist oder wie lange er schon auf den Beinen ist, um an diesen Ort zu gelangen und um dieses eine Foto zu machen, weiß der Betrachter in diesem Moment nicht. Es wird zum Bestandteil dieser Ästhetik der Täuschung. Der Betrachter sieht den Mythos und will auch dort hin. Die Studie einer britischen Versicherungsfirma, in der Erwachsene zwischen 18 und 35 Jahren – sogenannte Millennials* – befragt wurden, fand heraus, dass für 40 % der Befragten die Wahl eines Urlaubsziels entscheidend davon abhängt, ob dieses auch »instagrammable« sei. Das Urlaubsziel muss gut genug für die Mythenmaschine sein, um in der Folge weiter auf dem ewig währenden Klassentreffen prahlen zu können. Oder um genau diesen Mythos, den die eigenen Imaginationen im Netz hervorgebracht haben, genauso erleben zu können.

Bestimmte Reiseveranstalter haben diese Marktlücke erkannt und bieten an, mit Leuten genau zu solchen Orten zu fahren, damit man selbst dort ebensolche Fotos machen und dem Mythos nacheifern kann. Für viele bietet das tatsächliche Erleben dann allerdings eher eine Enttäuschung. Denn erst dann wird sichtbar, was hinter dem Content steckt, der den Mythos erzeugt und somit den Wunsch hervorgebracht hat, dort Urlaub zu machen. Oft kommt es dann zum Showdown und der Mythos endet in der Enttäuschung, wenn die

*Mit Millennials wird die Generation Y bezeichnet, welche im Zeitraum von etwa 1980 bis 2000 geboren wurde. Der Begriff wurde das erste Mal von der Marketingzeitschrift Advertising Age 1993 verwendet.

<**94_95**><#schluesselloecher><#beispiele>

Leute feststellen, dass die Wirklichkeit überhaupt nicht dem Bild entspricht, das sie von ihr hatten. Dass die Wirklichkeit im Bild besser aussieht als dieselbe Szene in der Realität.

Ein weiteres Beispiel dafür, wie gut der Mythos funktioniert, sind berühmte Persönlichkeiten oder Politiker. In dem Moment, wo sie nicht mehr persönlich unterwegs sind, sondern in einem Amt, einer Rolle oder als Marke werden sie selbst zu Mythenmaschinen. Ein Spitzenpolitiker hat ein Team aus Marketing- und Beratungsexperten an seiner Seite, die für ihn eine bestimmte Meinung und ein Bild ausarbeiten, welches dann nach außen kommuniziert wird. Zum Beispiel in einem Wahlkampf. Das Gleiche gilt für Schauspieler, die durch ein bestimmtes Auftreten in der Öffentlichkeit ein bestimmtes Bild erzeugen. Der Mythos ist auf den ersten Blick nicht immer sichtbar. Das wird erst deutlich, wenn über die einzelne Person Skandale ans Licht kommen und so ein neuer Einblick oder ein weiteres Schlüsselloch neue Aspekte einer Person offenbaren. Das wurde im Jahr 2018 beispielhaft durch die #MeToo-Kampagne deutlich.

»9.«

#willing #suspension
#disbelief #philosoph
#coleridge #wahrnehmung
#unglaube #akzeptanz

#willing
#suspension
#disbelief

»The willing suspension of disbelief« – diese Theorie beschreibt die willentliche Aussetzung der Ungläubigkeit und wurde 1817 von dem Dichter, Literaturkritiker und Philosophen Samuel Taylor Coleridge formuliert. Coleridge versucht das Verhalten von Menschen gegenüber künstlerischen Werken zu erklären, also die Tatsache, dass der Rezipient die Vorgaben eines Werkes der Fiktion (zum Beispiel in einem Roman oder einem Spielfilm) vorübergehend akzeptiert, auch wenn diese fantastisch oder unmöglich sind. Seine Theorie erklärt auch, warum das Wissen des Publikums um die Fiktion des Erzählten sich nicht störend auf den Kunstgenuss auswirkt. Gemäß dieser Theorie ist die Grundlage für die willentliche Aussetzung der Ungläubigkeit ein Quidproquo, nämlich eine auf einer Gegenleistung beruhende Vereinbarung des Rezipienten mit dem Werk der Fiktion: Der Leser oder Zuschauer willigt ein, sich auf eine Illusion einzulassen, um dafür gut unterhalten zu werden.

<100_101><#willing><#suspension><#disbelief>

Lässt sich diese Theorie auch auf die sozialen Netzwerke anwenden? Sind soziale Netzwerke nichts anderes als eine akzeptierte Fiktion und somit die willentliche Aussetzung der Ungläubigkeit? Jein.

Warum ja und nein zugleich? Laut der Ergebnisse und Erfahrungen müsste man die Frage eigentlich bejahen. Die Beispiele haben gezeigt, wie die entstandenen Mythen zunächst nicht hinterfragt, sondern hingenommen werden, auch mit dem Ziel, im Gegenzug von ihnen unterhalten zu werden. Und doch muss man sie gleichzeitig auch verneinen, denn im Gegensatz zu einem Roman oder Spielfilm, wo ich von vornherein weiß, dass es sich um eine Fiktion handelt und man sich somit auf eine Illusion einlässt, ist dies bei den sozialen Netzwerken tatsächlich aber nicht so klar. In ihnen betrachtet nicht jeder User Content mit der Einstellung, dass er sich dabei auf eine Illusion einlässt, also beispielsweise wenn er durch eine Timeline scrollt. Vielmehr passiert hier die Akzeptanz der Illusion wohl großteils unbewusst. Wenn wir ehrlich sind, hinterfragen wir nicht jeden Post unserer Freunde in der Timeline. Ich überprüfe nicht, ob sämtliche Inhalte, die meine Freunde oder Follower mit in die Timeline aufnehmen, der Realität entsprechen. Die Zeit dafür habe ich gar nicht. Es gibt auch bestimmt Profile, denen ich einfach folge, um unterhalten zu werden. Und die nächste Frage, die wir uns stellen sollten, ist: Wollen wir überhaupt, dass es zum Showdown kommt und wir enttäuscht werden? Oder wollen wir lieber in der Mythosblase weiter unsere Medien konsumieren?

Die Stärke der Mythosblase ist nicht zuletzt davon abhängig, wie weit der Konsument selbst als Produzent
darin tätig ist. Die Media Experts sind an dieser Stelle
schwieriger zu täuschen als die Non Media Experts.
Auch muss man hier unterscheiden zwischen den Non
Media Experts, die ihre vermeintlich privaten Inhalte
teilen, und Media Experts, die an der Selbstmythisierung bewusst mitwirken. Aber was passiert, wenn es
zur Demaskierung und der damit einhergehenden Täuschung kommt?

»10.«

#highnoon #enttaeuschung
#maske #mythen #showdown
#potential #duell #surprise
#wahrheit #reality #fake

<104_105><#highnoon>

#highnoon

Bereit für den Showdown? Wer bist du wirklich?

Im Verlauf der letzten Jahre hat die technologische Entwicklung dafür gesorgt, dass die sozialen Netzwerke in die alltäglichen Routinen integriert wurden. So entstand neben der Wirklichkeit eine große elektronische Blase der ästhetischen Täuschung, welche zum Platzen gebracht wird, wenn die elektronische Ähnlichkeit auf die Realität trifft.

Ein Duell – nicht auf Leben und Tod wie im wilden Westen, aber es geht um eine Demaskierung, die die Gefahr der Ent-Täuschung birgt. Was auf den ersten Blick negativ erscheinen mag, beschreibt eigentlich nichts anderes als die Tatsache, dass die Täuschungsmanöver aufgedeckt werden. Je nach Situation kann diese Ent-Täuschung negativ oder positiv sein. Was passiert, wenn die elektronische Blase platzt? Wer steht mir gegenüber? Passt die Wirklichkeit zur elektronische Ähnlichkeit oder sorgen die Täuschungen und die daraus entstandenen Mythen dafür, dass die Demaskierung des Gegenübers in einer Enttäuschung gipfelt? Wie stark das mythische Potenzial die eigene Wahrnehmung überlagert hat, ist in dem Zusammenhang natürlich auch davon abhängig, ob man das Gegenüber auch aus der analogen Realität kannte oder nur aus den sozialen Medien.

Auf die Frage, wie sich das Bild einer Person, welche man vorher nur über die sozialen Medien kannte, verändert hat, nachdem man sie auch real kennengelernt hatte, wurde in der Umfrage wie folgt geantwortet: Von den 1.049 Befragten gaben 540 an, dass die Person genauso war wie erwartet. 376 äußerten sich neutral und nur 123 gaben an, dass die Person komplett anders war als erwartet und es somit zu einer Ent-Täuschung im Sinne einer Demaskierung gekommen war. Wer verbirgt sich hinter diesen Gruppen?

Die erste Gruppe (insgesamt 540) besteht aus 185 männlichen, 325 weiblichen und 31 non-binären Befragten. In Hinblick auf das Alter haben die 14–17- und 18–24-Jährigen den größten Anteil an ihr. In der Gruppe derjenigen, die aufgrund der realen Begegnung ihr Bild einer Person als Mythos erlebten, sind 55 männliche und 67 weibliche Befragte (gesamt 123).

<108_109><#highnoon>

Was hier auffällt, ist, dass die Geschlechtergruppen nicht im Verhältnis von zwei Drittel Frauen zu einem Drittel Männer verteilt sind. Der Anteil der männlichen Befragten ist wesentlich höher und entspricht insofern nicht ihrer Verteilung in der Stichprobe. Die altersmäßig größte Gruppe, die sich in dieser Kategorie wiederfindet, ist die der 18-24 Jährigen, gefolgt von den Altersgruppen 14-17 und 25-34 Jahre. Bei 123 hat die Mythosmaschine bis zur tatsächlichen Begegnung also komplett funktioniert und es kam zur Demaskierung und somit zur Enttäuschung. Die Ergebnisse zeigen, dass es nicht mit dem Alter zu tun hat, ob ein Mythos funktioniert oder nicht.

Die Enttäuschung wurzelt immer in einer Erwartung, die der Erfahrung nicht entspricht. Das bedeutet zugleich, dass wir für diese Enttäuschung zumindest teilweise verantwortlich sind, denn die Mythenproduzenten sind letztlich wir selbst. Wir sind es, die die Brotkrumen an Informationen aufgelesen und durch die Schlüssellöcher des Netzes geblickt haben, als wären sie Fenster zur Wirklichkeit. Wir haben unsere eigenen Wahrnehmungsfilter ignoriert und unser Gegenüber nicht um eine Korrektur gebeten. Natürlich bieten Social Media einen starken Nährboden für die Mythenproduktion, doch im Endeffekt ist jeder und jede selbst verantwortlich, Informationen und Mythen zu analysieren und zu deuten.

Dabei gilt es, die unterschiedlichen Rollen von Produzenten und Konsumenten im Verhältnis zueinander mitzudenken. Also welche Rollenerwartungen sich im Verhältnis von Media Expert zu Media Expert, Non Media Expert zu Media Expert und zwischen Non Media Expert und Non Media Expert zur Geltung bringen.

Sofern ich mein Gegenüber nur aus den sozialen Netzwerken kenne, kann ich auch als Media Expert nicht unbedingt jeden Mythos aufdecken, aber viele, da ich selbst verstanden habe, wie das System funktioniert. Als Non Media Expert in der Produzentenrolle ist es nicht einfach, einen Mythos so zu erzeugen, dass er einen Media Expert täuscht. Andersherum hat der Media Expert als Produzent allerdings ein leichtes Spiel gegenüber dem Non Media Expert. Die Mythengenerierung ist hier einfacher, auch wenn die Ergebnisse gezeigt haben, dass sich nicht wirklich viele von den Mythen täuschen lassen. Auch wenn Non Media Experts unter sich sind, findet eine gewisse Mythenproduktion statt, wobei wir wieder beim permanenten Klassentreffen wären.

Home Profile Find Friends Account ▾

Edit Friends
Account Settings
Privacy Settings
Application Settings
Help Center

Logout

»11.«

#schlusswort #epilog #fazit
#letzteworte #schluss
#zusammenfassung #resume
#daswars #ende

<112_113><#fazit>

#fazit

Können wir also zusammenfassend sagen, dass es die Mythenmaschine überhaupt gibt?

Ja, sie ist vorhanden und funktioniert. Das haben der Schlüssellocheffekt und die daraus entstehenden Täuschungen eindeutig gezeigt. Die Mythenmaschine funktioniert, aber nicht bei allen Usern gleich gut und dies ist abhängig vom Reflektionsverhalten jedes einzelnen Users sowie den Erfahrungen, die man mit den sozialen Netzwerken gemacht hat. Daraus ergibt sich, wie stark die Erzählungen der elektronischen Ähnlichkeitsformen der einzelnen User mittels ästhetischer Täuschung sind. Der Mythenmaschine können wir nicht entkommen, denn dadurch, dass wir auswählen, was wir von uns preisgeben, arbeiten wir immer schon an ihr mit und entwerfen Bilder von uns, die sich in ihren Ähnlichkeitsbeziehungen zur Realität unterschiedlich gut bewähren.

Wie in der Realität auch können wir nie unser ganzes Sein offenbaren, da wir durch unsere sozialen Kreise und Rollen ein bestimmtes Erscheinungsbild nach außen tragen. Der Mythos und die Ästhetik der Täuschung sind wirksam.

<114_115><#fazit>

In Hinblick auf die Frage, inwiefern Gechlecht oder Alter des Users eine Rolle dabei spielen, ob Mythen infrage gestellt werden, lässt sich sagen, dass es hier keine Gruppe gibt, die besonders heraussticht. Erkennbar ist, dass die jüngere Gruppe (14-17 Jahre) dazu tendiert, die Mythen eher zu akzeptieren als die Gruppe der 25-34-Jährigen, auch wenn der Unterschied hier nicht gravierend ist. In diesem Zusammenhang wäre es spannend, einzelne Bildungsschichten separat zu befragen und zu untersuchen, inwiefern der Bildungshintergrund hier einen Einfluss hat. Wer demaskiert die Mythen und wer akzeptiert diese?

Man kann vermuten, dass vor allem Media Experts das Werkzeug besäßen, Mythen im Netz zu entlarven. Wenn dies dennoch nicht geschieht, stellt sich die Frage, welche bedeutsame Funktion sie erfüllen. Wollen wir die Wirklichkeit tatsächlich an die Stelle des Mythos setzen? Oder wollen wir lieber der illusionären Kraft des Mythos hinterherlaufen, um auf diese Weise vielleicht auch unserem Alltag in gewisser Weise zu entfliehen? Wollen wir tatsächlich realisieren, dass wir die mythischen Ideale nie erreichen werden, beispielsweise einem präsentierten Schönheitsideal nie werden entsprechen können.

Die Wirkung dieser Mythen im Freundeskreis oder in der privaten Timeline ist davon abhängig, wie gut wir die Personen außerhalb der sozialen Netzwerke kennen. Je weniger wir eine Person außerhalb des Netzwerkes kennen, desto besser funktionieren sie. Darüber hinaus ist ihre Wirksamkeit auch davon abhängig, wie viele Schlüssellocheinblicke eine Person über ihr Profil letztlich erlaubt. Die Tatsache, dass wir zum Großteil nur positive Erlebnisse teilen, wenn wir etwas teilen, zeigt deutlich die mythengenerierende Bedeutung unseres Tuns – auch wenn uns das selbst unter Umständen nicht bewusst ist. Das Weglassen von Informationen reicht schon aus, um ein anderes Bild von uns zu vermitteln und einen anderen Eindruck in unserem Umfeld zu erzeugen. Je authentischer die Mythen sind, desto schwieriger ist es, sie zu entlarven und aufzudecken.

Laut einer Studie reden Menschen im persönlichen Gespräch etwa 30 bis 40 % der Zeit über sich und ihre Erlebnisse. Im Raum der elektronischen Ähnlichkeit sind es 80 % oder mehr. Damit lässt sich auch der These zustimmen, dass soziale Netzwerke nicht als Werkzeug zur Kommunikation untereinander gesehen werden sollten, sondern eher als eine Mythenmaschine, die ihren Fokus auf die ästhetische Selbstdarstellung richtet und als Kommunikationsform mit eher proklamierendem Charakter gesehen werden muss. Die elektronische Ähnlichkeit ist das perfekte Ich, welches man selbst nie sein kann, aber vielleicht gerne wäre.

»12.«

#anhang #daten #diagramm
#informationen #sachlich
#ergaenzung #trocken
#zahlen #fakten #links

<118_119><#anhang>

#umfrage

Die folgenden Diagramme berücksichtigen Ergebnisse
der Shell-Jugendstudien sowie einer Umfrage, die sich
an meine eigenen Follower richtete. Der Fragebogen
ist im Anschluss aufgeführt.

Geschlecht der Befragten

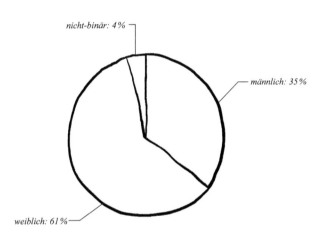

nicht-binär: 4%

männlich: 35%

weiblich: 61%

Das Alter der Befragten

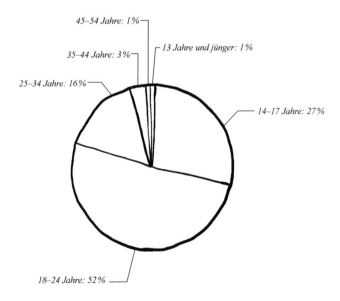

45–54 Jahre: 1%

13 Jahre und jünger: 1%

35–44 Jahre: 3%

25–34 Jahre: 16%

14–17 Jahre: 27%

18–24 Jahre: 52%

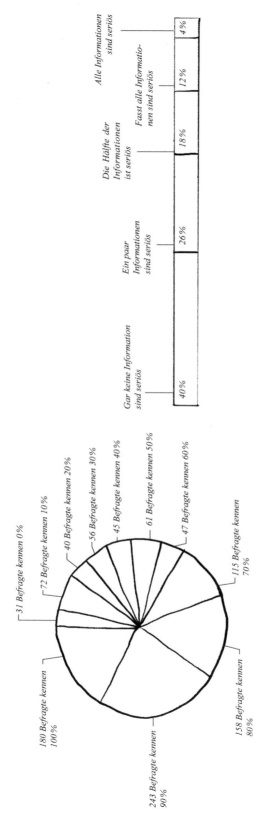

Wie viel Prozent deiner Freundesliste kennst du persönlich?

- 31 Befragte kennen 0 %
- 72 Befragte kennen 10 %
- 40 Befragte kennen 20 %
- 56 Befragte kennen 30 %
- 45 Befragte kennen 40 %
- 61 Befragte kennen 50 %
- 47 Befragte kennen 60 %
- 115 Befragte kennen 70 %
- 158 Befragte kennen 80 %
- 243 Befragte kennen 90 %
- 180 Befragte kennen 100 %

Wie viele seriöse Informationen geben die Befragten über sich auf dem eigenen Profil preis?

- Gar keine Information sind seriös — 40 %
- Ein paar Informationen sind seriös — 26 %
- Die Hälfte der Informationen ist seriös — 18 %
- Fasst alle Informationen sind seriös — 12 %
- Alle Informationen sind seriös — 4 %

<120_121><#anhang>

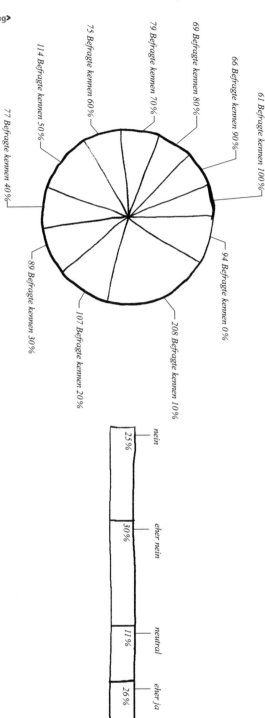

61 Befragte kennen 100%

66 Befragte kennen 90%

69 Befragte kennen 80%

79 Befragte kennen 70%

75 Befragte kennen 60%

114 Befragte kennen 50%

77 Befragte kennen 40%

89 Befragte kennen 30%

107 Befragte kennen 20%

208 Befragte kennen 10%

94 Befragte kennen 0%

Wie viel Prozent deiner Follower kennst du persönlich?

nein 25%

eher nein 30%

neutral 11%

eher ja 26%

ja 8%

Kennst du private oder intime Informationen von Personen, die du nur über soziale Plattformen kennst? Hast du dadurch einen anderen Blick auf die Person?

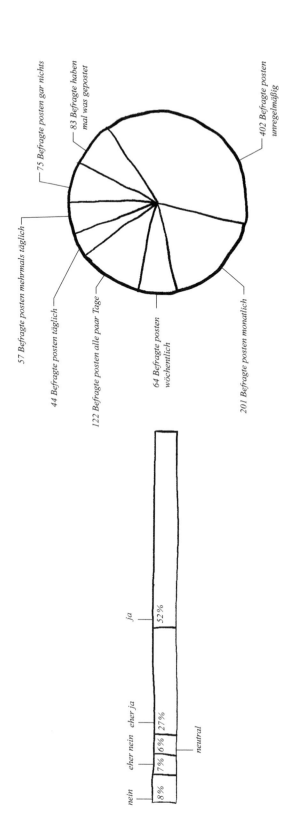

Produzierst du eigenen Content?

75 Befragte posten gar nichts

83 Befragte haben mal was gepostet

402 Befragte posten unregelmäßig

57 Befragte posten mehrmals täglich

44 Befragte posten täglich

122 Befragte posten alle paar Tage

64 Befragte posten wöchentlich

201 Befragte posten monatlich

Identifizierst du dich mit deinem Content?

nein 8%

eher nein 7%

eher ja 6%

neutral

ja 27%

52%

<122_123><#anhang>

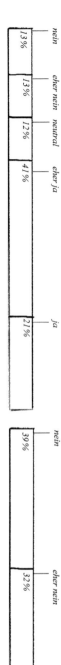

Empfindest du Zufriedenheit, wenn durch deinen Content Aufmerksamkeit und Feedback erzeugt wird?

- nein — 13 %
- eher nein — 13 %
- neutral — 12 %
- eher ja — 41 %
- ja — 21 %

Empfindest du Unzufriedenheit, wenn durch deinen Content keine Aufmerksamkeit erzeugt wird?

- nein — 39 %
- eher nein — 32 %
- neutral — 10 %
- eher ja — 16 %
- ja — 3 %

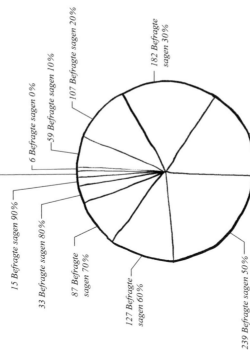

182 Befragte sagen 30 %

173 Befragte sagen 40 %

107 Befragte sagen 20 %

59 Befragte sagen 10 %

6 Befragte sagen 0 %

12 Befragte sagen 100 %

15 Befragte sagen 90 %

33 Befragte sagen 80 %

87 Befragte sagen 70 %

127 Befragte sagen 60 %

239 Befragte sagen 50 %

Wenn du ein Social-Media-Profil betrachtest, wie viel der Informationen repräsentieren deiner Meinung nach die wirkliche Identität des Menschen dahinter?

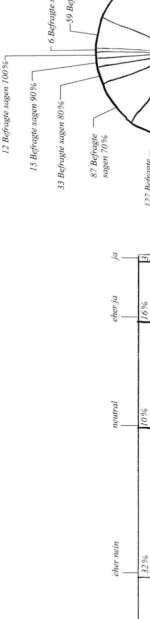

ja	eher ja	neutral	eher nein	nein
3 %	16 %	10 %	32 %	39 %

Wie hat sich dein Bild von einer Person, welche du vorher nur über die sozialen Medien kanntest, verändert, als du sie das erste Mal real kennengelernt hast?

<124_125><#anhang>

#shell
#jugendstudie
#2015

Aussagen zum »Social Web«. Quellen: Shell-Jugendstudie
2015, TNS Infratest Sozialforschung.

Bei den sozialen Netzwerken muss man dabei sein. Sonst bekommt man nicht mit, was die andere so machen.

stimme voll und ganz zu　　　　　　　　　　　　　　*stimme gar nicht zu*

| 18% | 21% | 24% | 19% | 15% | 3% |

weiß nicht

Wenn ich mein Smartphone, Tablet oder Notebook verlieren würde, würde mir plötzlich mein halbes Leben fehlen.

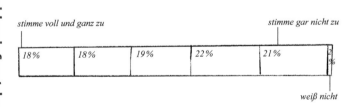

stimme voll und ganz zu　　　　　　　　　　　　　　*stimme gar nicht zu*

| 18% | 18% | 19% | 22% | 21% | 2% |

weiß nicht

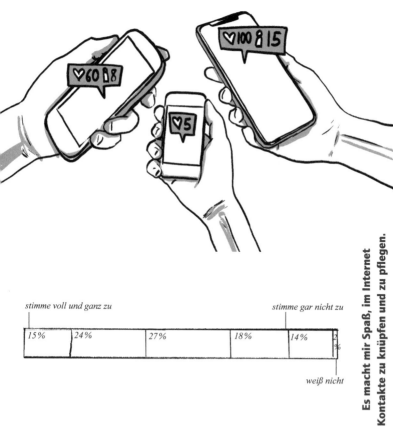

Es macht mir Spaß, im Internet Kontakte zu knüpfen und zu pflegen.

stimme voll und ganz zu   *stimme gar nicht zu*

| 15% | 24% | 27% | 18% | 14% | 2% |

weiß nicht

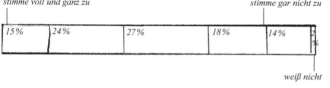

Es macht mir Spaß, im Internet zu »liken«.

stimme voll und ganz zu   *stimme gar nicht zu*

| 12% | 18% | 25% | 20% | 21% | 4% |

weiß nicht

<126_127><#anhang>

#shell
#jugendstudie
#2015

Kritischer Blickwinkel. Einstellung zu Social Media als »Big Business«. Quelle: Shell Jugendstudie 2015

Ich gehe im Internet vorsichtig mit meinen persönlichen Daten um.

voll und ganz | überhaupt nicht

| 44% | 29% | 16% | 7% | 2% | 2% |

keine Angabe

22 bis 25 Jahre

Ich gehe im Internet vorsichtig mit meinen persönlichen Daten um.

voll und ganz | überhaupt nicht

| 46% | 25% | 12% | 3% | 3% | 11% |

keine Angabe

12 bis 14 Jahre

slide to power off →